Luhmann | Erkenntnis als Konstruktion

AF641925

Great Papers Soziologie

Niklas Luhmann

Erkenntnis als Konstruktion

Herausgegeben von Oliver Jahraus

Reclam

Der Verlag behält sich die Verwertung der urheberrechtlich geschützten Inhalte dieses Werkes für Zwecke des Text- und Data-Minings nach § 44b UrhG ausdrücklich vor. Jegliche unbefugte Nutzung ist ausgeschlossen.

RECLAMS UNIVERSAL-BIBLIOTHEK Nr. 14334
2023 Philipp Reclam jun. Verlag GmbH,
Siemensstraße 32, 71254 Ditzingen
info@reclam.de
Gestaltung: Cornelia Feyll, Friedrich Forssman
Druck und Bindung: Elanders Waiblingen GmbH,
Anton-Schmidt-Straße 15, 71332 Waiblingen
Printed in Germany 2026
RECLAM, UNIVERSAL-BIBLIOTHEK und
RECLAMS UNIVERSAL-BIBLIOTHEK sind eingetragene Marken der Philipp Reclam jun. GmbH & Co. KG, Stuttgart
ISBN 978-3-15-014334-6
reclam.de

Erkenntnis als Konstruktion

1

[7] Es ist eine alte Kommunikationstechnik für unbeweisbare oder schwer beweisbare Behauptungen: die Behauptung kommunikativ zu verstärken. So findet man in der Endphase der lateinischen Rhetorik von der Tugend zu wahrer Tugend, so verlangt man von der Politik heute echte Reformen. So findet man in Läden heute naturreine Früchte angeboten. Und die letzte Mode in der Erkenntnistheorie heißt »radikaler Konstruktivismus«. Je mehr solche Verstärker hinzugesetzt werden, um so mehr sind Zweifel angebracht. Je mehr der Konstruktivismus sich im Unterschied zu anderen Erkenntnistheorien als »radikal« behauptet, desto mehr kann man deshalb zweifeln, ob nun diese Theorie (erstmals) das Problem der Erkenntnis gelöst hat, und sogar: ob sie wenigstens ihre Hausaufgaben ordentlich gemacht hat. Wer sich an das erinnert, was Kant (mit Bezug auf Descartes) »problematischen Idealismus« genannt hat[1], wird nicht so leicht erkennen, was denn der radikale Konstruktivismus an prinzipiell Neuem zu sagen hat.

Man versteht, wie es zu der Selbstbezeichnung als radikal kommt; denn in der Tat gibt es schwächliche, unentschlossene Ja/Aber-Ausgaben von Konstruktivismus. Man nimmt alle Argumente, die in diese Richtung zu führen scheinen, zur Kenntnis, sagt dann aber, ganz so hart sollte man sich nicht ausdrücken, ausschließlich konstruktiv könne die Erkenntnis nicht verstanden werden, denn schließlich müsse

1 *Kritik der reinen Vernunft*, S. 274 f.

doch irgendeine Beziehung zur Realität vorausgesetzt werden können[2].[8]

Bekanntlich hatte schon Kant in die zweite Auflage der *Kritik der reinen Vernunft* einen entsprechenden Rückzieher eingefügt, der die in der transzendentalen Ästhetik erreichte Position wenn nicht aufgibt, so doch auf unklare Weise wieder abschwächt.[3] Rückzieher dieser Art sind jedoch wenig überzeugend, sind nur Symptome für eine unzureichend erfaßte Problematik. Man könnte daraufhin die Akten schließen. Wenn die Erkenntnistheorie keine Problemlösungen anbieten kann, hat sie auch keine Probleme mehr. Sie kann sich dann für glücklich erklären oder sich mit empirischen Forschungen beschäftigen. Die Frage ist, ob der Sachstand diesen Rückzug erzwingt.

Wenn man darauf achtet, wie das Problem der Erkenntnistheorie formuliert ist, kann man in der Tat eine Radikalisierung erkennen. In der Tradition des erkenntnistheoretischen Idealismus ging es um die Frage der Einheit in der Differenz von Erkenntnis und Realgegenstand. Die Frage lautete: wie kann die Erkenntnis einen Gegenstand außerhalb ihrer selbst feststellen? Oder: wie kann sie feststellen, daß etwas unabhängig von ihr existiert, wo doch alles, was immer sie feststellt, schon Erkenntnisleistungen voraussetzt und gar nicht unabhängig von Erkenntnis (das wäre

2 Siehe etwa Michael A. Arbib / Mary B. Hesse, *The Construction of Reality*, Cambridge, Engl. 1986.

3 Ich meine den Abschnitt »Widerlegung des Idealismus« und insbesondere den Lehrsatz »Das bloße, aber empirisch (!) bestimmte Bewußtsein meines eigenen Daseins beweist das Dasein der Gegenstände (!) (also nicht nur von irgendetwas, N. L.) im Raum (!) außer mir.« (S. 274 ff.) [Originalpaginierung]

ein Selbstwiderspruch) durch Erkenntnis feststellbar ist? Ob man nun transzendentaltheoretische oder dialektische Problemlösungen bevorzugte, das Problem lautete: wie ist Erkenntnis möglich, *obwohl* sie keinen von ihr unabhängigen Zugang zur Realität außer ihr hat. Der radikale Konstruktivismus beginnt [9] dagegen mit der empirischen Feststellung: Erkenntnis ist nur möglich, *weil* sie keinen Zugang zur Realität außer ihr hat. Ein Gehirn beispielsweise kann nur Information erzeugen, weil es umweltindifferent codiert ist, d. h. im rekursiven Netzwerk der eigenen Operationen eingeschlossen operiert.[4] Ebenso müßte man sagen: Kommunikationssysteme (soziale Systeme) können nur deshalb Informationen erzeugen, weil die Umwelt nicht dazwischenredet. Und nach all dem dürfte sich dasselbe auch für den klassischen »Sitz« (Subjekt) der Erkenntnistheorie von selbst verstehen: für das Bewußtsein.

Offenbar sehen die radikalen Konstruktivisten diesen Schritt von »obwohl unmöglich« zu »weil unmöglich« als eine befreiende Radikalisierung, mit der man zweitausend Jahre unnütze Reflexion abhängen kann.[5] An der Bedeutung dieses Schrittes von *obwohl* zu *weil* will ich nicht zweifeln, ebensowenig wie an der Notwendigkeit der Neufundierung der Erkenntnistheorie. Man möchte aber genauer wissen, was wir mit diesem Schritt vom *obwohl* zum *weil*

4 Vgl. dazu Heinz von Foerster, »Entdecken oder Erfinden: Wie läßt sich Verstehen verstehen?«, in: Heinz Gumin / Armin Mohler (Hrsg.): *Einführung in den Konstruktivismus*, München 1985, S. 27–68.

5 So mit bewundernswertem Mut Ernst von Glasersfeld, *Wissen, Sprache und Wirklichkeit: Arbeiten zum radikalen Konstruktivismus*, dt. Übersetzung, Braunschweig 1987.

gewinnen; und hier stehen wir erst am Anfang einer nur in vagen Umrissen absehbaren Entwicklung.

Einen Neuheitseffekt könnte der Konstruktivismus erzielen, wenn er der Frage nachginge, wie *Abkopplung* (mit anderen Worten: Indifferenz, Schließung usw.) *möglich* ist. Die *Subjekttheorie* der Erkenntnis hatte es nie zu dieser Frage gebracht, weil sie immer mit der paradoxen Forderung zu ringen hatte, durch *Introspektion* heraus-[10]zubekommen, wie *andere* sich zur *Welt* verhalten.[6] Sie konnte konzedieren, daß es keinen direkten Zugang zum Erleben anderer Subjekte gibt; aber zumindest sollte durch Rückgang auf das Faktum des eigenen Bewußtseins herauszubekommen sein, nach welchen Prinzipien sich im anderen die Gegenstände der Welt ordnen. Die Subjekttheorie mußte dabei eine gemeinsame, zumindest eine gemeinsam beobachtbare Welt voraussetzen und war dadurch gehindert, die *Abkopplung* je eines erkennenden Systems als *Bedingung* der Erkenntnis zu denken. Aber auch der Übergang zu einer *Objekttheorie* der Erkenntnis hilft nicht (mag er das erkennende Objekt nun physikalisch, biologisch, psychologisch oder soziologisch beschreiben). Er gelingt nicht, weil die Reduktion der Beschreibung auf Vorgänge des beschriebenen Objekts wiederum das Problem der Abkopplung[7] über-

6 Daß »Intersubjektivität« nur ein Wort für dieses Problem ist, aber keine Lösung, sollte klar sein. Wo es aber keine Lösung gibt, gibt es auch kein Problem; und die neueren Sozialphänomenologen gehen deshalb von Intersubjektivität wie von einer Tatsache aus. Siehe nur Richard Grathoff / Bernhard Waldenfels, *Sozialität und Intersubjektivität*, München 1983.

7 Vgl. Arne Ness (Naess), *Erkenntnis und wissenschaftliches Verhalten*, Oslo 1936, S. 193 ff. mit der Forderung, alle Sätze über die äu-

springt. Wir schlagen daher vor, die Unterscheidung von »Subjekt« und »Objekt« zu ersetzen durch die Unterscheidung von »System« und »Umwelt«. Diese Unterscheidung bleibt bei klassischen Problemstellungen insofern, als sie von einer Differenz ausgeht und deren eine Seite in die andere wiedereintreten läßt. Sie überholt klassische Problemstellungen, weil sie sowohl die Subjekttheorie als auch die Objekttheorie revidiert. Sie kann die Frage nach der *Abkopplung* durch Schließung als Frage nach der Ausdifferenzierung von Systemen stellen, und sie kann die Prämisse einer gemeinsamen Welt ersetzen durch eine Theorie der Beobachtung beobachtender Systeme (second order cybernetics).

ßere Situation aus Beschreibungen der Vorgänge im »inneren Funktionskreis« des beobachteten Organismus abzuleiten – was zunächst einmal sehr konstruktivistisch klingt.

2

[13] Wir gehen davon aus, daß alle erkennenden Systeme reale Systeme in einer realen Umwelt sind, mit anderen Worten: daß es sie gibt. Das ist naiv, so wird oft eingewandt.[8] Aber wie anders als naiv soll man anfangen?[9] Eine Reflexion des Anfangs kann nicht vor dem Anfang durchgeführt werden, sondern erst mit Hilfe einer Theorie, die bereits hinreichende Komplexität aufgebaut hat.[10]

Die Frage, wie Systeme in einer Umwelt Erkenntnis zustande bringen, kann dann reformuliert werden in die Frage, wie Systeme sich von ihrer Umwelt abkoppeln können, oder mit Heinz von Foerster: wie Schließung durch Einschließung möglich ist. Diese Frage auch nur zu stellen, heißt: sehr scharfe Beschränkungen, also hochselektive Bedingungen eines solchen Vorgangs zu vermuten. Die Selbstisolierung eines erkennenden Systems – einer Zelle, eines Immunsystems, eines Gehirns, eines Bewußtseins, eines Kommunikationssystems – führt gerade nicht in die Beliebigkeit der dadurch ermöglichten Operationen. Das Gegenteil trifft zu. Jeder Beobachter eines sich zur Erkenntnis abschließenden Systems kann scharfe Beschränkungen

8 Zum Beispiel von Danilo Zolo, *Autopoiesis: Critica di un paradigma conservatore*, MicroMega 1 (1986), S. 129–173.

9 Es ist, um nur das anzumerken, ebenso naiv (wenngleich eine üblichere Naivität), von der Subjektivität des Bewußtseins auszugehen und es zu unterlassen, die Frage zu stellen: wessen Bewußtsein?

10 Siehe das Verhältnis von distinction/indication als »form« und »re-entry« der Form in die Form bei George Spencer Brown, *Laws of Form*, 2. Aufl., London 1971.

des daraufhin Möglichen erkennen. Überhaupt gibt es in der Realwelt keine Beliebigkeit. Die Unterstellung von Willkür heißt vielmehr immer: beobachte das System, dem Du Willkür ansinnst; und dann wirst Du sehen, daß Deine Vermutung nicht zutrifft. Belieben ist, so gesehen, also nichts anderes als ein Begriff für die Weisung: beobachte den Beobachter. [14]

Denn: wie ist Schließung möglich? Doch nur dadurch, daß ein System eigene Operationen produziert und im Netzwerk ihrer rekursiven Vor- und Rückgriffe reproduziert. Der Vorgang selbst erzeugt die Differenz von System und Umwelt. Maturana hat das »Autopoiesis« genannt; aber auch Lyotard kommt von der Linguistik her mit Begriffen wie »phrase«, »enchaînement«, »différend« zum gleichen Ergebnis.[11] Die Systemtheorie ermöglicht es allerdings, das Ergebnis besonders einleuchtend zu formulieren: Kein System kann außerhalb seiner eigenen Grenzen operieren, auch ein erkennendes System nicht. Diese Überlegungen lassen noch offen, ob man alle Operationen autopoietischer Systeme »Erkennen« (cognition) nennen will oder nur solche besonderer Art, die dann genauer zu bestimmen wäre. Maturana optiert für Kongruenz mit der Maßgabe, daß über den Begriff der Kognition mitberücksichtigt wird, daß die Autopoiesis, wenngleich blind, in einem Interaktionsbereich vollzogen wird. Davon wird ein Begriff des Beobachters unterschieden, der durch die Verfügung über Sprache definiert wird.[12] Ich möchte dagegen den Begriff des

11 Siehe insb. Jean-François Lyotard, *Le différend*, Paris 1983. Allerdings lehnt Lyotard (mündlich) die Interpretation von le différend als System/Umwelt-Differenz ab.

12 Vgl. Humberto R. Maturana, *Erkennen: Die Organisation und*

Erkennens enger fassen und dabei von einem Begriff des Beobachtens ausgehen, für den die Begriffe des Unterscheidens und Bezeichnens die Definitionsgrundlage bieten.[13] Es wird im folgenden erkennbar werden, was auf diesem Wege erreicht werden soll.

Erkenntnis wird demnach durch Operationen des Beobachtens und des Aufzeichnens von Beob-[15]achtungen (Beschreiben) angefertigt. Das schließt Beobachten von Beobachtungen und Beschreiben von Beschreibungen ein. Beobachten findet immer dann statt, wenn etwas unterschieden und, in Abhängigkeit von der Unterscheidung, bezeichnet wird. Der Begriff ist indifferent gegen die Form der Autopoiesis des Systems, also indifferent dagegen, ob als Operationsform Leben oder Bewußtsein oder Kommunikation benutzt wird. Er ist auch indifferent gegen die Form der Aufzeichnung (Gedächtnis). Es kann sich um biochemische Fixierungen, es kann sich auch um schriftlich fixierte Texte handeln. Immer muß aber das Beobachten und Beschreiben selbst eine autopoietisch mögliche Operation sein, also Lebensvollzug oder aktuelles Bewußtsein oder Kommunikation, denn sonst würde sie nicht die Geschlossenheit und Differenz des erkennenden Systems reproduzieren, also nicht »in« dem System stattfinden. Der Begriff fordert aber nicht, daß alle Operationen des entsprechenden Systems beobachtende/beschreibende Operationen

Verkörperung von Wirklichkeit. Ausgewählte Arbeiten zur biologischen Epistemologie, Braunschweig 1982, S. 39 ff. i. V. m. 34 f. und öfter.

13 Dies in Anlehnung an die Grundoperation distinction/indication bei George Spencer Brown, a. a. O., aber ohne die Intention auf Entwicklung eines formallogischen Kalküls.

sind; und erfordert auch nicht, daß die Operationen, die es sind, nur als solche beobachtet werden können.

Mit dieser Begriffsfassung, die das Spezifische des Erkennens im Unterscheiden und im dadurch ermöglichten/erzwungenen Bezeichnen sieht, ist zugleich festgelegt, wie die Abkopplung von der Umwelt und damit die Geschlossenheit erkennender Systeme verstanden werden muß. Erkenntnis ist anders als die Umwelt, weil die Umwelt keine [16] Unterscheidungen enthält, sondern einfach ist, wie sie ist. Die Umwelt enthält, mit anderen Worten, kein Anderssein und keine Möglichkeiten. Sie geschieht, wie sie geschieht. Ein Beobachter mag feststellen, daß es in der Umwelt andere Beobachter gibt. Aber er kann dies nur feststellen, wenn er diese Beobachter unterscheidet von dem, was sie beobachten; oder unterscheidet von Umweltgeschehnissen, die er nicht als Beobachten bezeichnet. Mit anderen Worten: Alles Beobachtbare ist Eigenleistung des Beobachters, eingeschlossen das Beobachten von Beobachtern.

Also gibt es in der Umwelt nichts, was der Erkenntnis entspricht; denn alles, was der Erkenntnis entspricht, ist abhängig von Unterscheidungen, innerhalb derer sie etwas als dies und nicht das bezeichnet. In der Umwelt gibt es daher auch weder Dinge noch Ereignisse, wenn mit diesem Begriff bezeichnet sein soll, daß das, was so bezeichnet ist, anders ist als anderes. Nicht einmal Umwelt gibt es in der Umwelt, da dieser Begriff ja nur in der Unterscheidung von einem System etwas bezeichnet, also verlangt, daß man angibt, für welches System die Umwelt eine Umwelt ist. Und ebensowenig gibt es, wenn man von Erkenntnis absieht, Systeme. (*Deshalb* haben wir oben *gesagt*, es gibt

Systeme.) Die Unterscheidung von System und Umwelt ist selbst eine erkenntnisleitende Operation.

Dieser Überlegungsgang erlaubt keinen Schluß auf die Nichtrealität der Umwelt. Er erlaubt auch nicht den Schluß, daß es außerhalb des erkennen-[17]den Systems nichts gibt. Ein solcher Schluß wäre zwar Erkenntnis, da er auf der Unterscheidung von »nichts« und »etwas« beruht, also, traditionell gesprochen, »nichts« als »nomen« verwendet.[14] Aber auch er beruhte, eben als Erkenntnis, auf einem Verzicht auf Entsprechung zur Realität.

Bezeichnungen wie »Realität« (Materie, ultimate reality) oder Welt beruhen *für die Erkenntnis* ihrerseits auf Unterscheidungen. Sie formulieren die Einheit des durch eine Unterscheidung Unterschiedenen – wenn man so will: ihren Geist. Selbst sie entsprechen also der Geschlossenheit des erkennenden Systems, weil auch sie nur mit Hilfe einer Unterscheidung zu gewinnen sind – in unserem Falle der Unterscheidung von System und Umwelt.

Es ist nur eine andere Bezeichnung für denselben Sachverhalt, wenn wir sagen, die Unterscheidung, mit der ein erkennendes System jeweils beobachtet, sei ihr »blinder

14 Vgl. mit Folgerungen für das parallelgelagerte Problem des Bösen Anselm von Canterbury, *De casu diaboli XI*, zit. nach Opera Omnia, Seckau–Rom–Edinburgh 1938 ff., Nachdruck Stuttgart-Bad Cannstatt 1968, Bd. 1, S. 248 ff. Eben das hat bekanntlich die Theologie in die Paradoxie gezwungen, die Unterscheidung creatum/increatum der Unterscheidung Sein/Nichtsein vorzuordnen, obwohl jene diese voraussetzt, denn erst durch die Schöpfung entsteht die Möglichkeit, etwas negativ zu bezeichnen. Vgl. z. B. Johannes Scottus Erlugena, Periphyseon (De divisione naturae) I, I und II, zit. nach der Ausgabe von I. P. Sheldon-Williams, Bd. 1, Dublin 1978, S. 37 ff. Wir kommen darauf zurück.

Fleck« oder ihre latente Struktur. Denn diese Unterscheidung kann nicht ihrerseits unterschieden werden; sonst würde eine andere, eben diese, als Leitunterscheidung verwendet werden und dies seinerseits blind. Und wieder dasselbe ist gemeint, wenn man sagt, daß alles Beobachten eine Grenzziehung, einen Schnitt durch die Welt, eine Verletzung des »unmarked space« voraussetzt und erzeugt.

3

[21] Eine operative Erkenntnistheorie betrachtet Erkennen als eine Art von Operation, die sie von anderen Operationen unterscheiden kann. Als Operation gesehen geschieht Erkennen oder es geschieht nicht, je nachdem, ob die Autopoiesis des Systems mit einer solchen Operation fortgesetzt werden kann oder nicht. Die wichtigste Konsequenz dieses Ansatzes ist: daß es hierfür keinen Unterschied ausmacht, ob das Erkennen Wahrheit produziert oder Irrtümer. Offensichtlich ist in beiden Fällen die Physik, die Biochemie und die Neurophysiologie des Erkennens dieselbe. Wir haben für Irrtümer nicht andere Gehirne oder Gehirnteile als für Wahrheiten. Aber auch für bewußte und für kommunikative Erkenntnisoperationen gilt dasselbe.[15] Weder Bewußtseinssysteme noch Kommunikationssysteme sind entlang der Trennlinie wahr/unwahr empirisch gespalten. Dieselbe Art von Aufmerksamkeit und dieselbe Art von Sprache wird für beide Wahrheitswerte in Anspruch genommen. Nur so ist erklärbar, daß Irrtümer überhaupt irrig als Wahrheiten erscheinen und daß das Problem in der Eliminierung von Irrtümern liegt. Das autopoietische System operiert in

15 Die behavioristische Erkenntnistheorie hatte sogar behauptet, der Erkenntnisprozeß sei *psychologisch* indifferent auch gegen die Unterscheidung von Erkenntnis und Gegenstand; auch sie werde durch einen Beobachter des Beobachters hineingesehen. Siehe Ness, a. a. O., insb. S. 131 ff., 163 ff. zur unterschiedlichen Psychologie wahrer und falscher Urteile, unterschieden anhand des Kriteriums des Fortführens bzw. Abbrechens von Verhaltenssequenzen (was aber nur Rückschlüsse auf erkannte Irrtümer zuläßt).

bezug auf wahr/unwahr zunächst indifferent, und eben das macht es möglich und nötig, einen entsprechenden binären Code zu oktroyieren. Aber wer oder was oktroyiert?

Alles Unterscheiden, also auch das von wahr und unwahr, ist Leistung eines Beobachters (denn wir definieren Beobachten als unterscheidendes Bezeichnen). Auch Beobachten ist Operieren und als [22] solches unfähig, sich selbst zu unterscheiden. (Wenn ein Beobachter mit der Unterscheidung wahr/unwahr hantiert, kann er nicht zugleich unterscheiden, ob dieses Operieren selbst wahr oder unwahr ist.) Der viel diskutierte Unterschied der Sätze »A ist« und »Es ist wahr, daß A ist« kommt also durch eine Beobachtung der Erkenntnisoperation, also eine Beobachtung des Beobachtens zustande, wobei die primäre Beobachtung nur »A« von anderem unterscheidet.

Logiker mögen sich hier genötigt sehen, Ebenen zu unterscheiden. Das führt aber nur zurück in die Paradoxie eben dieser Unterscheidung. Empirische Erkenntnistheorien müßten statt dessen fragen, wie erkennende Systeme eine entsprechende Selbstbeobachtung organisieren, also die laufend produzierten Irrtümer unterscheiden und neutralisieren können. Auf diese Frage antwortet der Begriff der *binären Codierung.*[16]

Es gibt natürlich viele Möglichkeiten, Systeme mit der Fähigkeit zur Selbstbeobachtung auszustatten. Das Sozialsystem Wissenschaft zum Beispiel beobachtet sich nicht nur unter dem Code wahr/unwahr, sondern auch, ja viel-

16 Vgl. auch Niklas Luhmann, *Distinctions directrices*: Über Codierung von Semantiken und Systemen, in ders., Soziologische Aufklärung, Bd. 4, Opladen 1987, S. 13–31; ders., *Ökologische Kommunikation*, Opladen 1986, S. 75 ff.

leicht vorherrschend, unter dem Zweitcode der Reputation. Auf der Ebene der Erkenntnistheorie, das heißt beim Beobachten und Beschreiben von Systemen, die ihr Beobachten beobachten, muß man nach all dem verschiedene Unterscheidungen unterscheiden können, nämlich

1. die Unterscheidung von Operationen und Beobachtung, wobei die Beobachtung eine Operation [23] besonderer Art ist, und zwar die Operation des Unterscheidens, was die Unterscheidung von Operation und Beobachtung zirkulär werden läßt (aber wir halten sie ja auch nur auf der Ebene (!) der Kybernetik zweiter Ordnung für nötig);
2. die Unterscheidung der Systemreferenz (System *und* Umwelt) des Beobachters erster Ordnung von der Systemreferenz (System *und* Umwelt) des Beobachters zweiter Ordnung, die durch einen Beobachter dritter Ordnung getroffen werden müßte;[17]
3. die Unterscheidung von Fremdbeobachtung und Selbstbeobachtung, was die Unterscheidung von System und Umwelt voraussetzt;
4. die Unterscheidung, ob die Beobachtung des Beobachtens auf das zielt, was der beobachtete Beobachter beobachtet (womit er sich beschäftigt) oder auf das, was er nicht beobachten kann (seine Unterscheidung); und schließlich
5. die Unterscheidung des binären Codes wahr/unwahr von anderen Formen der Selbst- bzw. Fremdbeobachtung.

17 Vgl. hierzu die Analysen zu der Frage: Welche Beobachtungen liegen einer Beschreibung zugrunde, wenn sie Sätze über die »Begrenztheit« der Reaktionsfähigkeit eines Organismus enthält?, bei Ness, a. a. O., S. 56 ff.

Nur eine Erkenntnistheorie, die alle diese Unterscheidungen berücksichtigt, sie aufeinander bezieht und die dabei anfallenden Paradoxien auflöst, sollte das Recht haben, sich als »konstruktivistisch« zu bezeichnen; denn nur sie stellt sich konsequent dem Gebot, alles, was als Erkenntnis produziert und reproduziert wird, auf die Unterscheidung von Unterscheidungen (im Unterschied zu: auf einen »Grund«) zurückzuführen. Solange die Erkenntnistheorie einen biologischen [24] oder einen psychologischen Erkenntnisbegriff verwendet, solange sie sich also auf die Autopoiesis des Lebens oder auf die Autopoiesis des Bewußtseins bezieht, um zu begründen, daß Erkenntnis möglich ist, solange kann sie für sich selbst den Status eines externen Beobachters reklamieren. Sie muß nur zugestehen, daß sie ihrerseits denselben physisch/chemisch/biologisch/psychologischen Bedingungen unterliegt wie das Erkennen, das sie beobachtet. Dies ändert sich mit einem soziologischen Begriff der Erkenntnis; denn es gibt nur eine Gesellschaft, nur ein umfassendes System der Autopoiesis von Kommunikation. So wird der Erkenntnistheoretiker selbst Ratte im Labyrinth und muß reflektieren, von welchem Platz aus er die anderen Ratten beobachtet. Dann führt die Reflexion nicht mehr nur auf die Gemeinsamkeit der Bedingungen, sondern darüber hinaus auch auf die Einheit des Systems der Erkenntnis; und alle »Externalisierung« muß als Systemdifferenzierung begründet werden. Erst die Soziologie der Erkenntnis ermöglicht einen radikalen, sich selbst einschließenden Konstruktivismus.

4

[27] Auch wenn der Konstruktivismus so weit getrieben wird, bleibt er eine empirische Theorie. Man kann daher die Frage stellen, weshalb er uns als »radikal« erscheint. Dies läßt sich nur historisch erklären.

Keine Erkenntnistheorie der Tradition (Hegels Logik bedürfte einer besonderen Betrachtung) hat sich so weit vorwagen können, und offenbar deshalb nicht, weil der Platz, an dem von Unterschiedenheit zu handeln wäre, durch die Theologie besetzt war.

Um das zu sehen, genügt es, Nikolaus von Kues zu lesen. Gott steht jenseits aller Unterscheidungen, selbst jenseits der Unterscheidung von Unterscheidungen und der von Unterschiedenheit und Nichtunterschiedenheit.[18] Er ist das non-aliud, das, was nicht anders ist als etwas anderes.[19] In ihm fällt alles, was das Unterscheiden transzendiert, insofern, als es das tut, zusammen – also das, was nicht größer, und das, was nicht kleiner, das, was nicht schneller und das, was nicht langsamer gedacht werden kann (coincidentia

18 In einer relativ ausführlichen Passage heißt es z. B.: »Est (Deus, N. L.) enim ante differentiam omnem, ante differentiam actus et potentiae, ante differentiam posse fieri et posse facere, ante differentiam lucis et tenebrae, immo ante differentiam esse et non esse, aliquid et nihil atque ante differentiam indifferentiae et differentiae, aequalitatis et inaequalitatis et ita de cunctis.« (De venatione sapientiae, zit. nach Nikolaus von Kues, *Philosophisch-Theologische Schriften*, hrsg. von Leo Gabriel, Wien 1964, Bd. 1, S. 58).

19 Siehe De non-aliud, zit. nach Nikolaus von Kues, *Philosophisch-Theologische Schriften*, Bd. 2, Wien 1966, Nachdruck 1982, S. 443–565.

oppositorum). Aber das, was damit bezeichnet sein soll, ohne unterschieden werden zu können, muß mit der Gotteslehre der christlichen Dogmatik übereinkommen. Es muß als Person und als Dreieinigkeit ausweisbar sein, und es ist zugleich (unterschiedslos) das eben deshalb »geheime« Wesen der Dinge. Die Erkenntnistheorie hat dann vorauszusetzen, daß die Dinge, obzwar im Wesen unerkennbar, als »contractio« Gottes und damit als unterscheidbar geschaffen sind, daß Gott sich auf diese Weise in seiner Un-[28]erkennbarkeit erkennbar macht und daß die Wahrheit, obwohl letztlich unerkennbar, für Menschen in der Übereinstimmung ihrer Unterscheidungen mit denen der Dinge besteht.

Wollte man gleichwohl die mit Schriftzeugnissen belegbare Aussicht auf die Seligkeit (beatitudo) der visio Dei bewahren und zugleich auf der Unterschiedenheit Gottes und folglich auf dem divinam essentiam per se incomprehensibilem esse[20] bestehen, mußte man die Beobachtungsmöglichkeiten in Gott retten, und zwar einerseits sich davor hüten, Gott Selbstbeobachtungsunfähigkeit zuzuschreiben, und andererseits es vermeiden, in die Nähe des Teufels als dem kühnsten Beobachter Gottes zu geraten. Dies erforderte hohes Geschick der Theologie auf der Ebene der second order cybernetics, also im Beobachten von Beobachtern – seien es die electi, sei es der Teufel, sei es schließlich Gott selber. Der Ausweg geriet dann in eine fatale Nähe zu der Annahme, Gott benötige die Schöpfung und die Verdammung des Teufels, um sich selber beobachten zu können, und führte zu Schriften, von denen Nikolaus meinte,

20 Johannes S. E., a. a. O., S. 54.

daß unvorbereitete Geister mit ihren schwachen Augen sie lieber nicht lesen sollten.[21]

Der Partner für den radikalen Konstruktivismus ist demnach nicht die Erkenntnistheorie der Tradition, sondern ihre Theologie (und zwar eine Theologie, die wegen ihrer Ansprüche an Genauigkeit über das hinausging, was die Theologie verkraften konnte). Man sieht dann leicht, daß man das Unterscheiden der Unterscheidungen, mit [29] denen die Beobachter arbeiten und die im Beobachten der Beobachter zu beobachten sind, noch zu unterscheiden hat von dem Nichtunterschiedenen, das damals *Gott* hieß und heute, wenn man System und Umwelt unterscheidet, *Welt*, oder wenn man Gegenstand und Erkenntnis unterscheidet, *Realität*.

21 Apologia doctae ignorantiae, in: *Philosophisch-Theologische Schriften* (hrsg. von Leo Gabriel), Bd. 1, Wien 1964, S. 578.

5

[33] Man wird nunmehr wissen wollen, wie Unterscheiden und Bezeichnen als eine einheitliche, aber zweikomponentige Operation möglich ist. Damit kommt man auf die bereits vorweggenommene Einsicht, daß stark einschränkende Bedingungen mitwirken müssen. Vermutlich spielt, jedenfalls im Bereich sinnhafter Operationen des Bewußtseins und der Kommunikation, eine Rolle, daß es gerade noch möglich ist, eine Zweiheit als Einheit im Blick zu halten; oder anders gesagt: Kontraste zu sehen. Außerdem wird man Zeit in Betracht ziehen müssen und dann feststellen können, daß hinreichend komplexe Systeme (und nur solche) in der Lage sind, kleine Unterschiede (z. B. Übergänge, die bei oszillierenden Eigenbewegungen auffallen) zu großen Wirkungen zu steigern mit Hilfe von Prozessen, die man als Abweichungsverstärkung oder mit einem Sprachgebrauch der Sprachforschung als Hyperkorrektion bezeichnen kann. Auch dies setzt selbstverständlich Abkopplung des Systems voraus, nämlich eine Eigenzeit für eigene Operationen bei unbezweifelbar gleichzeitig gegebener Umwelt. Das wiederum verweist auf das Erfordernis von Gedächtnis, nämlich einerseits auf eine laufende Konsistenzprüfung unter Aktivierung von jeweils einschlägigen Strukturen; und andererseits auf ein Beobachtungsschema, das anfallende Inkonsistenzen als räumliche bzw. zeitliche Unterschiede interpretiert und dadurch auseinanderzieht.

Auf diesem Wege kommen wir jedoch ersichtlich nur zu einer immer weiteren Spezifikation der [34] evolutionären Unwahrscheinlichkeit, aber Möglichkeit erkennender Systeme. Wir würden auch sagen können, daß es einen, und vielleicht welchen Unterschied es macht, ob die Diskriminierfähigkeit des Erkennens in ihrer Autopoiesis biochemisch, psychisch oder kommunikativ fundiert ist. Wir wollen solche Forschungsprogramme hier jedoch nicht weiter verfolgen; denn sie würden nichts mehr beitragen zu einer Klärung der Differenz von Erkenntnis und Gegenstand. Wir erfahren auf diesem Wege etwas über die Realität der erkennenden Operationen, aber nichts über die Realität dessen, was sie außer sich als Unbekanntes und Unerkennbares voraussetzen müssen.

In der bereits zitierten »Widerlegung des Idealismus« benutzt Kant ein Zeitargument. Offenbar präsentiert die Umwelt etwas, was im Kontrast zu den beweglichen Operationen als beharrlich erscheint, also ein Zurückkehren, ein Wiederholen etc. erlaubt (wenngleich die dafür nötigen Identifikationen schon wieder Sache des erkennenden Systems sind). Kant argumentiert unscharf, hält dieses Beharrliche für eine Bedingung seines Daseins in der Zeit, während es allenfalls als Bedingung der Identifikation seines Daseins in der Zeit behandelt werden dürfte. Auch ist die umgekehrte Zeitrelation zu bedenken: Das erkennende System kann sich mit demselben Gegenstand befassen, während das, was sich so bezeichnet zu werden gefallen lassen muß, sich schon wieder geändert hat. Und noch erstaunlicher: das erkennende System kann, soweit es über Sprache ver-[35]fügt, *konstante* Ausdrücke verwenden zur Bezeichnung von etwas, was als *inkonstant* gemeint ist – etwa das Wort Bewegung zur Bezeichnung von Bewegungen. Es braucht, mit anderen Worten, Veränderliches nicht durch Eigenveränderung zu simulieren. Das alles sind noch recht unschlüssige Anhaltspunkte dafür, daß die Ausdifferenzierung eines erkennenden Systems jedenfalls zu Zuständen führt, die zwar gleichzeitig, aber nicht mehr rhythmisch-synchron zur Umwelt geordnet sind; was nur erreicht werden kann, wenn auch in der Umwelt zeitliche Diskontinuitäten vorkommen, gegen die das System seine eigenen Operationen unterscheiden kann.

Wir können diese Überlegungen ergänzen durch Rückgriff auf einen in der akademischen Erkenntnistheorie bisher übersehenen Beitrag von Fritz Heider[22]. Es geht hier um die Realbedingungen der Möglichkeit von distanzierender Wahrnehmung. Heider postuliert als Eigenschaft der Außenwelt, die dies ermöglicht, eine Differenz von relativ loser und relativ fester Kopplung, also Luft auf der einen und Geräusche auf der anderen Seite, oder Licht auf der einen und sichtbare Objekte auf der anderen Seite. Wesentlich ist die Differenz; denn in dem Maße, als die Luft selbst Geräusche macht und das Licht selbst sichtbar wird, würden distinkte Wahrnehmungen unmöglich werden. Es muß mit anderen Worten physikalische Substrate in loser und in fester Kopplung geben, damit sich Systeme bilden können, die von dieser Differenz profitieren und mit ihrer Hilfe die [36] eine Seite der Differenz, nämlich die Form, beobachten können. Das lose gekoppelte Substrat dient als Medium, das fest gekoppelte dient als Form. Die Differenz dient als Bedingung der Möglichkeit von Wahrnehmung unter der Bedingung, daß sie ihrerseits nicht wahrnehmbar ist. Sie ist

22 Siehe *Ding und Medium*, Symposium 1 (1926), S. 109–157; englische Übersetzung (gekürzt) in: Psychological Issues 1/3 (1959), S. 1–34.

die notwendig latente Struktur der Wahrnehmung, und nur eine Theorie des Wahrnehmens kann auf der Ebene der Kybernetik zweiter Ordnung, also im Beobachten des wahrnehmenden Beobachters erkennen, daß dies so ist.

Es fällt nicht schwer, diese Medium/Form-Differenz zu generalisieren. Man kann zum Beispiel die akustisch bzw. optisch »körnige«, also lose gekoppelte Struktur der Sprache als Medium ansehen, mit dessen Hilfe Sätze geformt werden können; oder Geld als Medium der Preisbildung. Unter Sonderbedingungen können mithin Formen (wie Worte) wiederum Medium sein für ein erkennendes System, das sich nun diese Differenz invisibilisiert. Das zeigt die Reichweite des Gedankens, führt aber erneut von der Erkenntnistheorie weg. Entscheidend ist die Ausgangsannahme, daß es eine physikalisch (oder wie immer) angelegte Differenz von loser und fester Kopplung gibt, ohne die sich kein erkennendes System entwickeln könnte bzw. auf Koinzidenzen an den eigenen Grenzen ohne Raum/Zeit-Distanz zur Umwelt angewiesen bliebe.

Eine verfeinerte Begriffsarbeit könnte hinzufügen, daß das Medium durch die Formung nicht verbraucht werden darf, sondern sich regenerie-[37]ren muß; daß die Form jeweils stärker (durchsetzungsfähiger) ist als das Medium, ohne daß dem eine heimliche Rationalität zugrunde läge; und daß auch das jeweilige Medium als lose gekoppeltes Substrat (also immerhin als Kopplung, also als Struktur) wieder als Form wahrnehmbar ist, wenn dafür ein geeignetes Medium (etwa ein Meßapparat mit hohem Auflösevermögen) zur Verfügung gestellt werden kann.[23] Man gelangt

23 Dies unterscheidet die Unterscheidung Medium/Form von der

auf diese Weise schließlich zur Quantenphysik als einer Theorie, die nur noch das Beobachten von Physikern durch Physiker beschreibt, also nur auf der Ebene der Kybernetik zweiter Ordnung etabliert ist und die Realität, korrelativ dazu, als unbestimmbar beschreibt. Das hieße dann aber nur, daß das Beobachten des Beobachtens, das Messen und das Prognostizieren der Resultate von Messungen Formen produziert, die sich selbst zum Medium machen. Wir wissen heute, daß dies möglich ist. Wir experimentieren damit auch auf anderen Gebieten, zum Beispiel in der modernen Lyrik. Aber das besagt nicht, daß die Selbstbeobachtung der Welt ohne die latente Differenz von Medium und Form möglich wäre.

Erkenntnis ist also nicht in einer »beliebigen«, sondern nur in einer dafür geeigneten Umwelt möglich. Das berechtigt uns jedoch nicht, daraus auf »Anpassung« der Erkenntnis an die Realität zu schließen.[24] Erst recht kann der evolutionäre Optimismus einer Selbstregulationskybernetik nicht mitvollzogen werden, die sowohl Leistungsverbesserungen als auch Anpassung mit ein und [38] demselben Modell zu erklären sucht. Jedenfalls machen wissenschaftliche Forschungen, gesehen im Kontext der Ökologie, eher den gegenteiligen Eindruck. Die Abweichung von dem, was vorgegeben zu sein scheint, nimmt ständig zu, da die Erkenntnis in immer kühneren Schwüngen sich selber korri-

traditionellen Unterscheidung Materie/Form, die schließlich bei einem Begriff der unkörperlichen Materie anlangte, weil Materie ohne Form angesichts der quantitativ/qualitativen Bestimmtheit aller Körper anders nicht zu denken war.

24 Dieser Fehlschluß bei von Glasersfeld, a. a. O., S. 80 f., 112, 200 ff. (was seinen radikalen Konstruktivismus radikal deradikalisiert).

giert. Das ist – im Moment noch, würden heute manche sagen – real möglich; aber man könnte imstandesein, deutlicher und risikobewußter zu beschreiben, was da geschieht. Die Erkenntnis projiziert Unterscheidungen in eine Realität, die keine Unterscheidungen kennt. Sie gibt sich damit eine Freiheit, die ebenfalls nicht vorgesehen ist. Man würde heute nicht mehr annehmen, daß sie als Freiheit ursachelos operiert[25], denn auch das wäre ja ein Urteil über Attribution, also Erkenntnis. Aber man kann sich fragen, und eine Erkenntnistheorie sollte heute dazu in der Lage sein, welche Art Ordnung in einem solchen Prozeß fortgesetzter Abweichungsverstärkung erreichbar sein wird.

25 So der Teufel bei Anselm von Canterbury. Siehe de casu diaboli, a. a. O.

6

[41] Immerhin gibt es also einige Anhaltspunkte dafür, daß die unbekannt bleibende Realität, wäre sie total entropisch, keine Erkenntnis ermöglichen würde. Nur kann das Erkennen das, was von dieser Seite her Bedingung der eigenen Möglichkeit ist, nicht in die Form einer Unterscheidung bringen; denn das wäre, im Widerspruch zur Intention des Durchgriffs nach draußen, schon wieder eine Eigenleistung. Die Erkenntnis bleibt einzigartig als unterscheidungsbasierte Konstruktion. Als solche kennt sie nichts, was außerhalb ihrer ihr selbst entsprechen würde. Es mag im Bereich dieses »Außerhalb«, den die Erkenntnis mit der Unterscheidung von Selbstreferenz und Fremdreferenz als »Gegenstand« bezeichnet, Bedingungen der Möglichkeit von Erkenntnis geben; und wir können vermuten, daß diese in zeitlichen und sachlichen Diskontinuitäten stecken, in Differenzen von Variationsgeschwindigkeiten oder in Differenzen der strukturellen Kopplung von Elementen. Aber wenn dies so ist, ist die Erkenntnis darauf angewiesen, diese Unterscheidungen *nicht* zu benutzen, weil sie nur mit diesem Verzicht eine operative Schließung erreichen kann.

Damit kehren wir noch einmal zu der Frage zurück, ob es nicht gerade deshalb differenzlose (und damit: paradoxiehaltige) Begriffe geben müsse. Der Gottesbegriff der Tradition hatte diese Frage auf sich gezogen und damit absorbiert. Manchen mag dies genügen. Wir wollen, ohne uns hier festzulegen, drei weitere Begriffe vor-[42]stellen, die ganz entfernt an die Trinitätslehre erinnern könnten.

Von *Welt* soll die Rede sein, um die Einheit der Differenz von *System und Umwelt* zu bezeichnen. Von *Realität* soll die Rede sein, um die Einheit der Differenz von *Erkenntnis und Gegenstand* zu bezeichnen. Von *Sinn* soll die Rede sein, um die Einheit der Differenz von *Aktualität und Possibilität* zu bezeichnen. Alle diese Begriffe sind differenzlos in dem Sinne, daß sie ihre eigene Negation einschließen. Die Negation der Welt kann nur in der Welt vollzogen werden. Die Negation von Realität kann nur als reale Operation vollzogen werden. Die Negation von Sinn schließlich macht keinen Sinn, wenn sie keinen Sinn macht. Differenzlosigkeit heißt also in all diesen Fällen, daß man das damit Bezeichnete nicht von einem Gegenbegriff her definieren kann, sondern nur von einer sehr spezifischen Unterscheidung her, die ihm zugrunde liegt.

Daß es sehr spezifische (und keineswegs beliebige) Ausgangsunterscheidungen sein müssen, sei nochmals unterstrichen.[26] Das bestätigt die These, daß Erkenntnis, trotz und gerade wegen des Erfordernisses der Einschließung, eine extrem unwahrscheinliche Operationsweise ist. Die genannten Grenzbegriffe sind nur von der Erkenntnis aus zu gewinnen, und es gibt hier, verglichen mit der Unzahl möglicher Unterscheidungen, nur wenige Möglichkeiten. Ferner ist zu beachten, daß die genannten Unterscheidungen System/Umwelt, Erkenntnis/Gegenstand, Aktualität/Possi-[43]bilität eine auffällige Asymmetrie aufweisen. Sie sind nur auf einer Seite anschlußfähig; und sie ermöglichen nur auf einer Seite ein re-entry im Sinne der Logik von Spencer Brown, das heißt: einen Wiedereintritt der Unterscheidung in das Unterschiedene. So kann die Welt nur im

26 Insofern ist auch »ultimate reality« niemals das Absolute – wie z. B. bei F. H. Bradley, *Essays on Truth and Reality*, Oxford 1914.

System ein Orientierungsbegriff sein, der die Differenz von System und Umwelt in das System wiedereinführt. So ist die Differenz von Erkenntnis und Gegenstand eine erkenntnisimmanente Unterscheidung und entsprechend die Annahme, daß Realität etwas beide Seiten Übergreifendes sein müsse, im Vollzug der Erkenntnis selbst basiert. Und so gibt schließlich die Differenz von Aktualität und Possibilität nur dann Sinn, wenn sie in actu vollzogen wird, das heißt die momentan vollzogene Operation auf einen Horizont anderer Möglichkeiten verweist (aber dies gleichgültig, ob es sich dabei um Realmöglichkeiten handelt oder um solche, die nur gedacht sind oder nur fiktional vorgestellt werden).

Man kann in diesen Analogien eine Struktur erkennen, die der Auflösung der Paradoxie der Einheit des Differenten dient. Eine solche Paradoxie sieht freilich immer nur ein Beobachter. Das heißt dann auch, daß die Form einer Theorie, die von ihrer Funktion der Auflösung von Paradoxien her beschrieben wird, die Frage nach funktionalen Äquivalenten zuläßt. Oder, wenn sie das Paradox des Beobachtens als den Beobachter ansetzt, die Frage nach Gott.

In jedem Falle liegt das Problem nicht auf der [44] Ebene des einfachen Vollzugs der autopoietischen Operationen derjenigen Systeme, die sich auf ein Unterscheiden und Bezeichnen und Beobachten und Beschreiben einlassen. Auch hierzu kann man nur sagen: es geschieht, wenn es geschieht; und es geschieht nicht, wenn es nicht geschieht. Will man dagegen unterscheiden, was geschieht, muß man das Geschehen als Beobachten beobachten. Und eben das ist die Aufgabe der Erkenntnistheorie.

7

[47] Welche Bedingungen auch immer gegeben sein müssen, damit Erkenntnis real möglich wird, sie kann ihre Bedingungen an ihrer eigenen Möglichkeit erkennen. Sie kann dies im Betätigen ihrer Möglichkeit unterstellen. Sie tut, was sie tut, und erweist sich damit als möglich. Das Problem liegt nicht hier. Es liegt in den Bedingungen der Steigerung und heute zunehmend: in den Bedingungen der Umweltkompatibilität der Steigerung von Erkenntnisleistungen. Klassische Theorien hatten diese Kompatibilität im Begriff der Erkenntnis selbst vorausgesetzt und mit Formeln wie assimilatio, Repräsentation oder Anpassung artikuliert. Selbst kybernetische Erkenntnistheorien gehen zuweilen noch davon aus, daß durch Ausbau und selbstreferentielle Vernetzung der Regelkreise sich die Anpassung der Erkenntnis an die Umwelt im Laufe der Evolution verbessere. Wir ersetzen diese Perspektive durch die Frage, wie unter der Bedingung kognitiver Schließung ein System Eigenkomplexität aufbaut und in diesem Sinne kognitive Leistungen steigert.

Es liegt nahe, hier an Sprache zu denken, und in der Tat gibt es enge Zusammenhänge zwischen Sprachforschung und erkenntnistheoretischem Konstruktivismus. Maturana zum Beispiel macht, wie bereits erwähnt, den Begriff des Beobachtens abhängig von der Verfügung über Sprache. Auch Ernst von Glasersfeld sieht in der Sprachforschung das Schlüsselproblem und die empirische Beweisgrundlage des radikalen Konstruktivismus.[27] Dem kommt entgegen, daß

27 Siehe seine Aufsatzsammlung *Wissen, Sprache und Wirklichkeit*: Arbeiten zum radikalen Konstruktivismus, Braunschweig 1987.

die [48] Linguistik seit Saussure ohnehin die Zeichentheorie im Sinne einer Außenreferenz der Sprache aufgegeben hat und das Wort Zeichen (und seine Derivate wie Semiologie, semiotics) nur noch festhält als Begriff für operativ benutzte Elemente des Systems.

Genau damit verdeckt man sich jedoch ein Problem. Denn die Erkenntnisoperationen sind je nach der Art des Systems, das sie durchführt, völlig verschieden. Man muß zwischen psychischen und sozialen Systemen, zwischen aktuell operierendem Bewußtsein und Kommunikation unterscheiden. Beide Systeme können Sprache benutzen, zur Artikulation des Denkens ebenso wie zur Artikulation von Kommunikation. Für beide Systeme wird ein eigener Komplexitätsaufbau in dem uns geläufigen Ausmaße erst durch Sprache ermöglicht. Beide Systeme operieren gleichwohl als geschlossene Systeme unter völlig getrennten operativen (autopoietischen) und strukturellen Bedingungen. Es gibt nicht die geringste operative Überschneidung, weil die rekursive Vernetzung mit anderen Operationen des jeweiligen Systems alles, was in einem System als elementare Operation fungiert, unter völlig verschiedene Anschlußbedingungen setzt.

Man kann also Sprache einerseits nicht ignorieren, und darf ihre Tragweite auf keinen Fall unterschätzen. Sie ist aber andererseits auch nicht das System, das die Konstruktion der Erkenntnis als Realoperation ermöglicht. Sie ist überhaupt kein System. Sie leistet vielmehr die strukturelle Kopp-[49]lung von Bewußtsein und Kommunikation. Das heißt: Sprache bildet ein eigenes Medium (seien es Laute, seien es optische Zeichen, seien es auf dieser Grundlage Worte), das sie zu eigenen Formen koppelt. Sie stellt damit den sich beteiligenden Systemen eine hochspezifische Medium/Form-Differenz *als Medium* zu Verfügung, so daß sich im Bewußtsein wie auch in der Kommunikation sprachspezifische Formen bilden können, sei es, daß man sprachlich denkt, sei es, daß die Kommunikation von Moment zu Moment andere Sätze bildet, also sprachliche Möglichkeiten durch Kopplung und Entkopplung nutzt.

An diesen Komplikationen, die wir nicht vermeiden können, wenn wir an der Absicht festhalten, Systeme von ihren basalen, grenzziehenden Operationen her zu begreifen, zerbricht die Allianz von Sprachtheorie und Konstruktivismus. Die Sprache behält eine zentrale Funktion für die laufende strukturelle Kopplung von psychischen und kommunikativen Operationen. Sie fasziniert das Bewußtsein. Sie zentriert Aufmerksamkeit auf ihr Sonderrepertoire von auffälligen, phonetischen oder optischen Formen. Sie stellt sicher, daß, wenn Kommunikation läuft, auch das dafür nötige Bewußtsein in ausreichendem Umfange mitaktiviert wird. Sie schränkt die Freiheitsgrade des Bewußtseins während der laufenden Kommunikation ein, obwohl es immer noch möglich bleibt, gleichzeitig nichtkommunikatives Geschehen wahrzunehmen, nichtkommunizierte Sinngehalte mitzuüberlegen und vor allem: mit Sprache be-[50]wußt zu täuschen. Auch kann man sich während der Kommunikation auf die Aufzeichnungsfähigkeit psychischer Systeme, auf ihr Gedächtnis stützen, und, solange es keine Schrift gibt, hängt die Fortsetzung der Kommunikation von dieser Voraussetzung ab, wie immer sie die faktischen Gedächtnisleistungen überschätzen mag. Auf der anderen Seite bliebe auch das Bewußtsein ohne die Möglichkeit, Gedanken phonetisch oder optisch in Wortform zu imaginieren, extrem abhängig von dem, was es im Moment wahrnimmt (wenn man in diesem Fall überhaupt von Bewußtsein sprechen will).

All diese Überlegungen lassen die Bedeutung einer mit Komplexitätsgewinnen kompatiblen strukturellen Kopplung psychischer und sozialer Systeme erkennen. Sie ist nur durch Sprache zu erklären. Dennoch spricht die Sprache nicht selber. Sie mag für die Konstruktion von Erkenntnis Formen bereithalten oder genauer: eine spezifische Differenz von Medium und Form bereithalten. Aber für die psychische ebenso wie für die soziale Realisation kognitiver Operationen gelten zahlreiche weitere Beschränkungen, die man nicht über linguistische, sondern nur über psychologische bzw. soziologische Analysen einsichtig machen kann. Das gilt nicht zuletzt für die Bedingungen der selbstreferentiellen, autopoietischen Schließung der Systeme und für ihre internen Konsequenzen.

Solange man Systeme mit dem vagen Begriff des »Zusammenhangs« definiert hatte[28], konnte die [51] vorstehende Analyse nicht vorgeschlagen werden. Denn natürlich hängen Bewußtsein und Kommunikation und Sprache zusammen, und dies so sehr, daß man in der Tradition auch der Systemtheorie gar nicht auf den Gedanken kommen konnte, hier verschiedene Systeme zu sehen. Man unterschied dann in einer nicht zureichend explizierbaren Begrifflichkeit Mensch und Natur oder »Geisteswissenschaften« und »Naturwissenschaften«. Wenn man dagegen Systeme nicht mehr als besondere Objekte ansieht, die intern

28 Oft in der Form, daß Systeme intern fester oder dichter zusammenhängen als mit ihrer Umwelt.

besonders dicht zusammenhängen, sondern statt dessen von der Differenz von System und Umwelt ausgeht, gelangt man zu einem ganz anderen Theoriedesign. Die Leitfrage lautet dann: welche (autopoietischen) Operationen schließen ein System? Und weiter: welche Form struktureller Kopplung nimmt, wenn solche Schließung entsteht, der Zusammenhang von System und Umwelt an?

Eine solche Umstellung hat weittragende, gegenwärtig noch kaum übersehbare Konsequenzen. Für die Erkenntnistheorie führt sie zu der radikal konstruktivistischen 1
These, daß Erkenntnis nur möglich ist, wenn und weil sich Systeme auf der Ebene ihres Unterscheidens und Bezeichnens operativ schließen und auf diese Weise indifferent werden gegen das, was als Umwelt damit ausgeschlossen ist. Die Einsicht, daß Erkenntnis nur durch Abbruch von operativen Beziehungen zur Außenwelt erreichbar sei, besagt deshalb nicht, daß Erkenntnis nichts Reales sei oder nichts [52] Reales bezeichne; sie besagt nur, daß es für die Operationen, mit denen ein erkennendes System sich ausdifferenziert, keine Entsprechungen in der Umwelt geben 2
kann, weil, wenn es so wäre, das System sich laufend in seine Umwelt auflösen und das Erkennen damit unmöglich machen würde.

Zu dieser Ausgabe

Der Text *Erkenntnis als Konstruktion* geht zurück auf einen Vortrag, den Niklas Luhmann am 23. Oktober 1988 im Kunstmuseum Bern gehalten hat. Er wurde noch im selben Jahr als selbständiger Band in der von Gerhard J. Lischka herausgegebenen Schriftenreihe *um 9* im Verlag Benteli publiziert:

Niklas Luhmann: Erkenntnis als Konstruktion. Bern: Benteli, 1988. S. 7–55. – Der Abdruck des Textes erfolgt mit freundlicher Genehmigung von Veronika Luhmann-Schröder, Lemgo.

Die Originalpaginierung wird in eckigen Klammern wiedergegeben. Die Orthographie und Zeichensetzung folgt der Vorlage buchstaben- und zeichengenau. Die Anmerkungen Luhmanns, die in der Benteli-Ausgabe am Ende wiedergegeben werden, werden hier als Fußnoten umgesetzt.

Eine Emendation wurde gegenüber der Druckvorlage vorgenommen (vor dem Lemmazeichen steht die korrigierte Fassung):

48,7 System und Umwelt an?] System und Umwelt an.

Anmerkungen

8,8 *radikaler Konstruktivismus:* Dem Konstruktivismus zufolge besteht Erkenntnis nicht darin, dass der kognitive Apparat einen Gegenstand in der Realität erfasst und die Erkenntnis umso größer ist, je besser dieser Gegenstand erfasst wird, sondern darin, dass Erkenntnis eine konstruktive Leistung ist. Nun kann man annehmen, dass für diese Konstruktion die erkannte Realität durchaus noch wichtig ist, indem sie zum Beispiel die Konstruktion anleitet oder zumindest einschränkt. Der radikale Konstruktivismus verzichtet vollständig auf die Annahme einer Realität, die die Erkenntnis mitbestimmt und nach der sich die Erkenntnis der Realität zu richten hätte. Radikal ist diese Spielart des Konstruktivismus insofern, als sie behauptet, man könne nicht gleichzeitig den Konstrukt-Charakter der Erkenntnis und die Existenz einer die Erkenntnis bestimmenden Realität annehmen. Der radikale Konstruktivismus geht also davon aus, dass ein echter Konstruktivismus immer ein radikaler Konstruktivismus sein muss.

8,15 *Kant:* Immanuel Kant (1724–1804), deutscher Philosoph und Begründer des kritischen Idealismus, einer Spielart der Transzendentalphilosophie. Deren revolutionärer Grundgedanke, der von Kant selbst auch als kopernikanische Wende der Philosophie bezeichnet wird, besteht in der Annahme, dass die Erkenntnis sich nicht nach den Dingen, sondern umgekehrt die Dinge sich nach der Erkenntnis richten. Insofern wird Kant zu einem Vorläufer des Konstruktivismus, auch wenn seine Philosophie wesentlich systematischer die Idee der Erkenntnis aus der transzendentalen Apperzeption, also der Bestimmung der Erkenntnis durch die Erkenntnis im erkennenden Subjekt herleitet.

8,16 *Descartes:* René Decartes (1596–1650), französischer Philosoph, gab den Anstoß zur Entwicklung der Transzendentalphilosophie, indem er in seinem Hauptwerk *Meditationes de Prima Philosophia* (1641, dt. *Meditationen über die Erste Philosophie*) das Gedankenexperiment des methodischen Zweifels inszeniert. Wenn man an allem zweifelt, dann merkt man schnell, so Descartes, dass man an einem Umstand nicht zweifeln kann, und das ist der Zweifel, also das Denken selbst. Damit sei die Existenz desjenigen, der zweifelt, erkenntnistheoretisch gesichert, weil sie notwendigerweise vorausgesetzt werden müsse. Seine berühmte Formel lautet: lat. »Ego cogito, ergo sum.« frz. »Je pense, donc je suis.« dt. »Ich denke, also bin ich.« (Descartes 2019, S. 64 f.)

9,4 *Kritik der reinen Vernunft:* Erkenntnistheoretisches Hauptwerk von Immanuel Kant aus dem Jahr 1781 (2. ergänzte Aufl. 1787). In dem Werk wird die Philosophie als Transzendentalphilosophie und diese wiederum als Erkenntnistheorie entfaltet. Kants Hauptfrage lautet: »Wie sind synthetische Urteile a priori möglich?« (Kant 2022, S. 72, B 19) ›synthetisch‹ meint in diesem Zusammenhang, dass die Urteile zusammengesetzt sein sollen, d. h. echte, neue Erkenntnis hervorbringen; ›a priori‹, dass die Urteile dennoch unabhängig von der Erfahrung (einer äußeren Realität) sein sollen.

9,5 *transzendentalen Ästhetik:* »Die transzendentale Ästhetik« bildet den ersten Teil der *Kritik der reinen Vernunft.* »›Ästhetik‹ meint hier – anders als man den Begriff landläufig mit der Bedeutung einer Theorie der Schönheit verwendet, vielmehr nach der Grundbedeutung des griechischen Begriffes *aisthesis* – die Theorie der Wahrnehmungs- und Erkenntnisformen. Ihr Hauptbegriff ist die Anschauung. Kant geht u. a. der Frage nach, wie wir etwas anschauen können, wenn die Anschauung nicht durch das Angeschaute, sondern durch den Prozess der Anschauung selbst bestimmt wird.

9,17 f. *erkenntnistheoretischen Idealismus:* Idealismus meint grundsätzlich eine Ausrichtung der Philosophie, die nicht von der Realität (des Objekts), sondern von der Idee (im Subjekt) ausgeht. Luhmann verwendet hier eine abkürzende Redeweise für die Transzendentalphilosophie kantischer Ausrichtung, wobei er zu Recht das erkenntnistheoretische Moment hervorhebt. Die Formulierung ist fast tautologisch, weil der Idealismus im Kern eine Theorie (Philosophie) der Erkenntnis ist.

10,2 *transzendentaltheoretische:* eine etwas ungewöhnliche Formulierung, zu erwarten wäre eher: transzendentalphilosophisch. Mit dem Begriff wird vor allem der Umstand zum Ausdruck gebracht, dass Erkenntnis als Relation von Subjekt und Objekt gedacht wird, dieses Denken aber selbst wiederum unter den Bedingungen des Denkens des Subjekts steht. Das nennt Kant »transzendentale Apperzeption«. Luhmann weist hier darauf hin, dass es sich um eine konkrete Wahrnehmungs- und Erkenntnistheorie, nicht um eine allgemeine Philosophie handelt.

10,2 *dialektische:* Man kennt die Formel von These, Antithese und Synthese, doch ganz so einfach wird der Begriff hier nicht gebraucht. Grundsätzlich meint der Begriff hier dasselbe wie »transzendentaltheoretisch«, so gibt es in Kants *Kritik der reinen Vernunft* auch einen Abschnitt »Die transzendentale Dialektik«: Was erkannt wird, steht unter den Bedingungen des Erkennens, nicht des Erkannten. Erkennen ist demnach nicht die Repräsentation des Objekts im Subjekt. Das Schwergewicht wird hier nicht wie in der Transzendentalphilosophie auf den Umstand gelegt, dass das Subjekt, nicht das Objekt die Bedingungen der Erkenntnis vorgibt, sondern das Subjekt selbst eine Vermittlung (Synthese) von Subjekt (These) und Objekt (Antithese) leistet. – Mit den beiden Begriffen »transzendentaltheoretisch« und »dialektisch« sind damit bei Luhmann stillschweigend die beiden großen idealistischen Philosophien von Kant und Hegel gemeint.

10,9 f. *codiert:* Code ist ein systemtheoretischer Grundbegriff, der beschreibt, wie ein System mit einem bestimmten Programm operiert. Ein Code ist eine Leitdifferenz: Ein System unterscheidet dabei immer binär, also zwei Seiten, voneinander, die komplementär sind. Alles fällt entweder auf die eine oder die andere Seite (in der Wissenschaft prüft man etwa Sätze, die wahr oder nicht wahr sind). Dass ein Gehirn »umweltindifferent codiert« ist, heißt also, dass das Gehirn (genauer müsste man sagen: das Bewusstsein oder das Denken) keinen Code benutzen kann, dessen eine Seite seine eigene »Umwelt« ist; oder anders gewendet: Alle Differenzen sind interne Differenzen des Bewusstseins oder des Denkens selbst.

10,10 *rekursiven:* Rekursion meint eine bestimmte Prozesseigenschaft: In einem Prozess greifen spätere Schritte auf frühere zurück, um diese für das weitere Prozessieren zu nutzen.

10,12 *soziale Systeme:* Der Systembegriff der Systemtheorie zeichnet sich dadurch aus, dass er nicht durch seine interne Struktur (wie im Strukturalismus), sondern durch seine Differenz zur Umwelt definiert ist. Da die Systemtheorie sich als soziologische Theorie versteht, bilden ihr Hauptaugenmerk soziale Systeme. Da soziale Systeme nur über Kommunikationen prozessieren (also nur aus Kommunikationen, die immer wieder aneinander anschließen) bestehen, kann Luhmann soziale Systeme und Kommunikationssysteme miteinander identifizieren. Daher ist der Begriff »soziale Systeme« zugleich der Titel der wichtigsten methodologischen systemtheoretischen Monographie Luhmanns aus dem Jahr 1984.

10,29 *Ernst von Glasersfeld:* 1917–2010, amerikanischer Philosoph, der vor allem neben Heinz von Foerster (1911–2002), einem österreichischen Kybernetiker, gilt als einer der Begründer des radikalen Konstruktivismus(s. z. B. Glasersfeld 1984).

11,6 *Subjekttheorie der Erkenntnis:* Gemeint ist eine Theorie, die Erkenntnis konstitutiv im Subjekt situiert bzw. auf dieses zurückführt. Bei Kant findet sich die berühmte Formulierung, die jede Erkenntnis, Erfahrung, Vorstellung (Apperzeption) auf das Subjekt, das Ich, zurückführt: »Das: I c h d e n k e, muß alle meine Vorstellungen begleiten k ö n n e n«, das wiederum meint die transzendentale Apperzeption: ein Denken, »daß ich bin« (Kant 2022, S. 186, 208; B 131, 157). Der stillschweigende Bezug auf Descartes' »cogito« (s. Anm. 8,16) wird hier unübersehbar.

11,8 *Introspektion:* Damit ist eine philosophische Idee gemeint, man könnte interne, subjektive Prozesse (hier meint Luhmann sogar: subjektive Prozesse anderer) erhellen, indem man nur intensiv genug in sich (oder in andere) hineinblickt.

14,3 *daß es sie gibt:* Anspielung auf den berühmten, ersten Einleitungssatz zum ersten Kapitel von Luhmanns früherem Hauptwerk *Soziale Systeme* (1984, S. 30): »Die folgenden Überlegungen gehen davon aus, dass es Systeme gibt.« Das scheint ontologisch – bezogen auf die Lehre von dem, was es überhaupt gibt – »naiv« zu sein, bezeichnet aber bei Luhmann einfach einen Startpunkt. Systemtheorie startet nicht mit der Konstruktion oder Projektion von

Systemen, sondern von der Annahme, dass Systeme eine Eigenwirklichkeit besitzen.

14,11 *Heinz von Foerster:* 1911–2002, Physiker, Kybernetiker und Philosoph, der mit Ernst von Glasersfeld als Begründer des radikalen Konstruktivismus gilt.

15,12 *Maturana:* Humberto Maturana (1928–2021), chilenischer Biologe und Philosoph, der wesentlich zur Entwicklung eines biologischen Konstruktivismus beigetragen hat. Demnach reagieren lebende Organismen nicht so sehr auf ihre Umwelt, sondern auf das, was sie intern als ihre Umwelt konstruieren.

15,12 *Autopoiesis:* Mit dem Begriff bezeichnet man die Art und Weise, wie bestimmte, sehr komplexe Systeme prozessieren. Autopoietisch sind daher Systeme, die aus den Elementen, aus denen sie bestehen, mit diesen Elementen sich selbst reproduzieren. Als autopoietische Systeme kommen für Luhmann nur Bewusstsein und Kommunikation (psychisches und soziales System) in Frage. Bewusstsein reproduziert sich beispielsweise aus den Gedanken mittels der Gedanken und produziert so neue Gedanken. Für die Biologie, für die der Name Maturana (s. Anm. 15,12) steht, zählen auch lebende Organismen zu den autopoietischen Systemen (was Luhmann hier auch beiläufig anspricht).

15,13 *Lyotard:* Jean-François Lyotard (1924–1998), französischer Philosoph. Luhmann bezieht sich hier sehr vage auf eines von Lyotards philosophischen Hauptwerken *Le différend* (1983; dt. *Der Widerstreit*, 1987) und auf die grundlegende sprachphilosophische These, der zufolge Sprache nicht als Instrument der Kommunikation gedacht werden könne und keine feste Bedeutungen hätte, auf die man sich in der Realität beziehen könne, sondern Sprache sich selbst aus sich selbst hervorbringe.

15,14 *phrase:* Der Begriff meint die Grundeinheit von Kommunikation und damit ein nicht mehr hintergehbares soziales Faktum; so lässt er sich auf den systemtheoretischen Begriff der Äußerung beziehen, der ein bestimmtes Ereignis (Luhmann) oder Geschehen (Lyotard) im Prozess der Kommunikation bezeichnet, die ihrerseits auch konstitutiv ist für die Bildung sozialer Systeme.

15,14 *enchaînement:* Der Begriff meint die Verkettung von Kommunikationseinheiten (*phrases*) und lässt sich auf den Begriff des kommunikativen Anschlusses in der systemtheoretischen Konzeption von Kommunikation beziehen.

15,14 *différend:* Der Begriff meint »einen Konfliktfall [...], der nicht angemessen entschieden werden kann« (Lyotard, *Der Widerstreit*, 1987, S. 9), hier insbesondere den (in der Postmoderne Lyotard zufolge) nicht mehr auflösbaren Widerstreit unterschiedlichster gesellschaftlicher Selbstbeschreibungen. Er ist zugleich der titelgebende Begriff eines der Hauptwerke Lyotards (s. a. Anm. 15,13). Allerdings lehnt Lyotard die Interpretation von *le différend* als System/Umwelt-Differenz ab, denn es geht ihm um den Widerstreit *im* System und eben gerade nicht mehr um einen rein formalen Systembegriff, der die gesellschaftliche Einheit noch erfassen könnte.

17,31–18,1 *Deshalb haben wir oben gesagt, es gibt Systeme:* Erkenntnis und System verhalten sich wie System und Umwelt. Sie sind aufeinander bezogen und sprechen sich wechselseitig einen ontologischen Status zu (sie stellen sicher, dass es sie gibt, zumindest, dass man das so feststellen kann). Man muss also auch angeben können, für welche Erkenntnis das System ein System ist.

18,8 *»nichts« als »nomen«:* »nichts« ist ja nur ein formaler Begriff, ihn als »nomen« zu verwenden, hieße, wie das Martin Heidegger (1889–1976) macht, ihn vergegenständlichen, also von ›dem Nichts‹ zu sprechen.

18,11 *ultimate reality:* Der Begriff meint eine Realität hinter aller erfahrbaren Realität, die aber selbst nicht mehr hintergehbar, also auf eine andere Realität zurückzuführen wäre. Im religiösen Kontext meint das eine höchste, letzte göttliche Instanz, eine Ursprungsidee oder eine ewige Wahrheit.

18,27 creatum/increatum: lat. ›Teil der Schöpfung‹ / ›kein Teil der Schöpfung‹.

19,7 *unmarked space:* George Spencer Brown (1923–2016), britischer Mathematiker und Logiker, entwickelte in seinem Buch *Laws auf Form* (1969, dt. *Gesetze der Form*, 2008) einen hochabstrakten, logischen Formenkalkül, der mit einer Anweisung beginnt: »Draw a distiction!« »Mach einen Unterschied!« Luhmann nennt so etwas kurz zuvor »Grenzziehung« (19), die einen »Schnitt durch die Welt« (19) macht. Wenn man einen solchen Unterschied oder Schnitt macht, dann teilt man das Universum in zwei Teile, von denen der eine markiert wird, der andere unmarkiert bleibt. Die Welt vor der Unterscheidung nennt Luhmann mit Spencer Brown den »unmarked space«, die Unterscheidung bzw. den Schnitt die »Verletzung des unmarked space«.

23,2 f. *binären Code:* ein Code, der nur zwei Zustände kennt: zutreffend / nicht zutreffend. Computersprachen bestehen aus binärem Code, nämlich »Strom an« und »Strom aus«). Binäre Codes erzeugen in einem hohem Maße Ordnung und stiften Sinn.

23,3 *oktroyieren:* aufzuzwingen.

23,14 *die primäre Beobachtung:* Die besondere Pointe der systemtheoretischen Konzeption von Beobachtung besteht nicht zuletzt darin, dass sie immer wieder auf Beobachtungen von Beobachtungen abhebt; primär hingegen ist eine Beobachtung, die auf keine andere Beobachtung zurückgreift, sondern erstmalig etwas von etwas anderem unterscheidet.

23,17 *Paradoxie:* meint einen unauflösbaren logischen Widerspruch. Gemeint ist hier, dass ein Beobachter nicht gleichzeitig etwas beobachten und sich selbst dabei beobachten kann. Das würde bedeuten, dass man zwei logisch unvereinbare Ebenen, nämlich die des Beobachteten und die der Beobachtung, miteinander identifiziert. Man muss also nach Luhmann zwischen Beobachtung und Operation unterscheiden, das würde aus der Paradoxie herausführen. Der Beobachter kann sich natürlich selbst beobachten, doch macht er dabei seine Beobachtung wiederum zu einem Beobachteten, er beobachtet sich als Beobachter, aber nicht seine Beobachtung. Metaphorisch gewendet könnte man sagen: Das Auge kann alles sehen, nur sein Sehen nicht.

24,11 *Kybernetik zweiter Ordnung / second order cybernetics:* Kybernetik meint Steuerungstechnik. Interessant ist der Zusatz »zweiter Ordnung« – denn mit diesem ist eine höhere Ebene gemeint, auf der Steuerungen selbst noch einmal gesteuert werden. Eine solche Kybernetik zweiter Ordnung ist natürlich rekursiv (s. Anm. 10,10).

28,5 *Hegels Logik:* ein vager Bezug auf eines der Hauptwerke Georg

Wilhelm Friedrich Hegels (1770–1831), *Die Wissenschaft der Logik* (1812–16), in der grundsätzlich, was für Luhmann wichtig ist, ein Subjekt-Objekt-Dualismus durch eine Vermittlung von beiden auf einer höheren Ebene überwunden wird, wobei Luhmann das dialektische Moment als prozessuales Moment versteht – daher der Hinweis einer notwendigen gesonderten Betrachtung.

28,10 *Nikolaus von Kues:* lat. Nicolaus Cusanus (1401–1464), deutscher Philosoph und Theologie. Einer seiner Hauptgedanken – und darauf spielt Luhmann eher beiläufig an – ist die Idee, Gott als Einheit aller Unterscheidungen zu denken.

28,14 *non-aliud:* In Anm. 10,9 f. wird der Code als komplementär bezeichnet. Es gibt zwei Seiten und nichts anderes (lat. *non-aliud*). Hier wird behauptet, Gott wäre aber gerade dieses Jenseits aller komplementären Unterscheidungen.

28,15 *transzendiert:* ›transzendieren‹ meint hier tatsächlich im Wortsinn ›überschreiten‹ und setzt damit den Unterschied zwischen ›transzendent‹ (›überschreitend‹) und ›transzendental‹ (›das Denken denken unter den Bedingungen des Denkens selbst‹) voraus. Im ersten Fall ist man jenseits aller Unterscheidungen, im zweiten Fall muss man zwischen Denken (dem Prozess selbst) und Denken (dem Gegenstand des Prozesses) unterscheiden.

28,18–29,1 *coincidentia oppositorum:* lat. ›Zusammenfall der Gegensätze‹: Wenn Unterscheidungen nicht mehr greifen, dann fallen Gegensätze (das Größte ist das Kleinste) ineinander.

28,19–24 *Est (Deus, N. L.) enim … cunctis:* lat. »Er (Gott, N. L.) ist vor jedem Unterschied, vor dem Unterschied von Tatsächlichkeit und Möglichkeit, vor dem Unterschied des Werden-Können und des Machen-Können, vor dem Unterschied von Licht und Dunkelheit, auch vor dem Unterschied von Sein und Nichtsein, Etwas und Nichts, und vor dem Unterschied von Unterschiedslosigkeit und Unterschiedenheit, Gleichheit und Ungleichheit usw.«

29,8 *contractio:* lat. ›Zusammenziehung‹: Gemeint ist ein Prozess, in dem Gott sich in konkreten Erscheinungen konkretisiert und damit beobachtbar wird.

29,15 *(beatitudo) der visio Dei:* lat. ›Gottesschau‹: Das wäre in Luhmanns Perspektive die Beobachtung des Unbeobachtbaren, mithin eine unmögliche Beobachtung, denn Gott kann von nichts anderem unterschieden, insofern auch nicht geschaut, Luhmann würde sagen: beobachtet werden (Beobachten ist Unterscheiden und Bezeichnen). Insofern ist die *visio* tatsächlich ein Moment der *beatitudo*, der ›Glückseligkeit‹, ein ekstatischer oder ein transzendenter (s. Anm. 28,15) Moment.

29,17 f. *divinam essentiam per se incomprehensibilem esse:* lat. »Das Wesen Gottes ist für sich selbst unbegreifbar«. Das würde bei Luhmann bereits für die Beobachtung gelten. Die Beobachtung kann sich als Beobachtung, als Prozess nicht beobachten, denn wenn sie sich dazu anschickt, hat sie aus der Beobachtung schon wieder etwas Beobachtetes gemacht. Doch gerade dort, wo die Theologie an Denkgrenzen stößt, wird sie für Luhmann als Modell interessant, um die Grenzen seiner konstruktivistischen Erkenntnistheorie auszuloten; daher auch die Projektionen zwischen Theologie und Systemtheorie, z. B. »second order cybernetics« (s. Anm. 24,11).

29,25 *electi:* lat. ›die Auserwählten‹.

30,11–14 *Gott hieß ... Realität:* Die systemtheoretische Konzeption von Beobachtung beruht auf Unterscheidung. Alles, was beobachtet werden kann, beruht darauf, dass es unterschieden – und dann auch begrifflich bezeichnet – wird. Nun gibt es aber Begriffe, zu denen sich unter einer bestimmten Beobachtungsperspektive kein Unterschied mehr denken lässt, die sich selbst also nicht mehr unterscheiden lassen. Zu diesen Begriffen gehören ›Gott‹, ›Realität‹ und ›Welt‹ – oder auch ›Gesellschaft‹. Jeder Unterschied zu dem, was diese Begriffe bezeichnen, würde selbst wieder unter den Begriff fallen. Das andere der Gesellschaft kann eben auch nur wieder gesellschaftlich gedacht werden.

32,13 *oszillierenden:* sich schnell hin- und herbewegend, flackernd. Luhmann hatte dabei wohl so etwas wie ein Vexierbild im Sinn, das zwei Ansichten, aber nie beide gleichzeitig bietet, so dass die eine Ansicht permanent zur anderen Ansicht wechselt.

33,2 f. *Diskriminierfähigkeit:* hier im Wortsinn: die Fähigkeit, zu unterscheiden.

34,5 f. *Diskontinuitäten:* Dass Zeit vergeht, merkt man nicht, wenn nichts passiert, an dem man festmachen könnte, dass sie vergeht.

Luhmann meint hier so etwas wie Taktung, also eine eher unregelmäßige Abfolge von Ereignissen.

34,10 *Fritz Heider:* 1896–1988, österreichischer Psychologe, seit 1930 in den USA. Luhmann bezieht sich auf dessen Aufsatz »Ding und Medium« aus dem Jahr 1921, verändert aber die dortige Leitdifferenz zu Medium und Form. Mit dieser Medium/Form-Differenz gelingt es Luhmann, die Paradoxie der Beobachtung doch handhabbar zu machen. Ein Medium besteht aus lose aneinandergekoppelten Elementen (z. B. Sand), die Form aus fester aneinandergekoppelten Elementen (Figur im Sand). Medium und Form sind voneinander unterschieden und sind doch miteinander identisch (beide bestehen im Beispiel aus Sand), ohne dass es zu einer unauflösbaren Paradoxie kommt.

34,18 f. *distinkte:* im Wortsinn: unterschiedene; gemeint sind Wahrnehmungen, die nicht auseinander hervorgehen, sondern sowohl als Akte als auch in ihren Objekten klar voneinander getrennt sind.

35,1 *latente:* im Wortsinn: verborgen. Greifen wir nochmals auf die Augenmetapher zurück: Das Auge sieht alles, nur sich – sein eigenes Sehen – nicht. Das wäre die notwendig latente Struktur der Wahrnehmung.

35,12 *invisibilisiert:* im Wortsinn: unsichtbar machen. Luhmann meint hier, dass dann, wenn wir Formen betrachten, das Medium, in dem diese Formen als solche sich überhaupt erst bilden können, für uns unsichtbar wird. In seinem Beispiel würde man Worte (Formen) aus Buchstaben (Medium) formen, doch wenn man Sätze (Formen) aus Worten (Medium) formt, sieht man nicht mehr die Buchstaben als ursprüngliches Medium; sie wurden invisibilisiert.

35,18 *Koinzidenzen:* Der Begriff meint hier die Gleichzeitigkeit von Ereignissen im System *und* in seiner Umwelt. In einem solchen Modell hätte das System keine Möglichkeit, auf seine Umwelt direkt zu reagieren (zeitliche Distanz), ja noch nicht einmal, sich von ihm abzugrenzen (räumliche Distanz); so wäre keine Formbildung möglich.

36,1 *Quantenphysik:* Luhmann spielt hier weniger auf die physikalischen Auseinandersetzungen mit kleinsten Teilchen an, sondern in versteckter Form auf die Beobachtungsproblematik, die daraus resultiert und die in der sogenannten Heisenberg'schen Unschärferelation popularisiert und vereinfacht wurde: Die Beobachtung kontaminiert das Beobachtete.

36,10 f. *zum Beispiel in der modernen Lyrik:* wie in Stéphane Mallarmés *Un coup de dés jamais n'abolira le hasard* (1897), in Kurt Schwitters *Ursonate* (1923) oder generell in der Lautpoesie (Laute als Medium) oder der visuellen Poesie (Anordnungsmöglichkeiten als Medium).

36,18 *Selbstregulationskybernetik:* siehe Kybernetik zweiter Ordnung (Anm. 24,11); die Begriffe ›Regulation‹ und ›Kybernetik‹ sind fast pleonastisch, und das ›Selbst‹ meint diese Autoreflexion, also die Anwendung der Idee der Steuerung auf sich selbst: Steuerung der Steuerung.

36,22 *Ökologie:* Lehre von der Umwelt; allerdings hier im systemtheoretischen Sinne einer System/Umwelt-Differenz, nicht aber im landläufigen Sinne einer wissenschaftlichen Begründung etwa von Umweltschutz.

37,8 f. *Attribution:* die Zuschreibung von Eigenschaften; das Urteil hätte dann die Form »x hat die Eigenschaft p«, wobei x und p unabhängig von eben dieser Erkenntnis seien, sie würde mithin »ursachelos« operieren, doch sind auch x und p selbst Resultate von Erkenntnisoperationen.

40,2 *entropisch:* Entropie meint das Maß an Energie (Wärme) oder Komplexität (man könnte auch einfacher sagen: Unordnung) in einem geschlossenen System. Die Negation, Negentropie, wäre dann die Abwesenheit von Unordnung oder Wärme, also der Kältetod. »Total entropisch« meint das Gegenteil: ein epistemologisch (also mit der Erkenntnis) nicht mehr fassbares Höchstmaß an Unordnung.

40,4 f. *Bedingung der eigenen Möglichkeit:* Damit greift Luhmann eine typisch transzendentalphilosophische, kantische Formulierung auf. Wenn man über das Denken nur unter den Bedingungen des Denkens selbst nachdenken kann, dann stellt sich die Frage, wie denn Denken (bzw. Erkenntnis oder Erfahrung) überhaupt möglich ist, oder, kantisch gesprochen: was denn die Bedingung der

Möglichkeit von Denken und von Erfahrung überhaupt ist. Das ist nur eine andere Formulierung der Frage, wie denn Erkenntnis möglich ist, wenn es keinen »Durchgriff nach draußen« (S. 40) gibt. Eine der berühmten Antworten von Kant lautet, dass die Bedingungen der Erfahrung zugleich die Bedingungen dafür sind, dass wir überhaupt *etwas* (Gegenstand der Erfahrung) erfahren. Es heißt bei ihm – und damit beantwortet er zugleich die Frage, wie synthetische Urteile a priori möglich sind (s. Anm. 9,4): »[D]ie Bedingungen der Möglichkeit der Erfahrung überhaupt sind zugleich Bedingungen der Möglichkeit der Gegenstände der Erfahrung« (Kant 2022, S. 244, B 197 / A 158).

40,11 *»Außerhalb:* Für den Konstruktivismus wird die Umwelt (das »Außerhalb«) intern (re)konstruiert; das gilt auch für den Systembegriff der Systemtheorie (s. Anm. 10,12) und für Luhmanns Begriff der »Erkenntnis als Konstruktion«: »Die Erkenntnis bleibt einzigartig als unterscheidungsbasierte Konstruktion. Als solche kennt sie nichts, was außerhalb ihrer ihr selbst entsprechen würde.« (S. 40). Darüber hinaus gilt diese Grundidee für alle modernen Differenztheorien, ja, es gibt einen notwendigen Zusammenhang zwischen der Abkehr von einem ›Außerhalb‹ und einer immanenten Differenzierung. Jede Erkenntnis muss als durch interne Differenzen konstituiert gesehen werden. Man denke an die berühmte Formulierung des französischen Philosophen und Dekonstruktivisten Jacques Derrida (1930–2004): »Il n'y a pas de hors-texte« – »Ein Text-Äußeres gibt es nicht.« (Derrida 1974, S. 274.)

40,17 *strukturellen Kopplung:* Hier wird angedeutet, dass es trotz allem doch ein ›Außerhalb‹ (s. Anm. 40,11) geben könnte, dass man dann aber systemspezifisch denken müsste, nämlich als ein anderes System, dessen Operieren in der Umwelt des ersten Systems von diesen selbst als Anstoß eigenen Operierens genutzt wird.

40,20 *operative Schließung:* Ein System ist operativ geschlossen, wenn es für seine Operationen, sein Prozessieren, keines Importes eines äußeren Umstandes bedarf, sondern sich rekursiv (s. Anm. 10,10) auf sich selbst bezieht, um weiter zu prozessieren. Das Bewusstsein ist solch ein operativ geschlossenes System. Was immer außerhalb des Bewusstseins passiert, kommt nicht in das Bewusstsein hinein, sondern wird im Bewusstsein nach Maßgabe der eigenen systemischen Voraussetzungen verarbeitet. Was also immer außerhalb des Bewusstseins passiert, wird zuerst bewusst gemacht, bevor das Bewusstsein damit operieren kann.

40,27 *Trinitätslehre:* christliche Lehre von Gottvater, Gottessohn und Heiligem Geist.

41,3 *Aktualität und Possibilität:* Diese Beschreibung führt in den Kern des Konzepts von Sinn bei Luhmann. Sinn ist nicht etwas, was man einer Sache als Qualitätsmerkmal zusprechen könnte (»das macht Sinn«, »das ist sinnvoll«), sondern eine grundlegende Voraussetzung von Bewusstsein und Kommunikation, also von psychischen und kommunikativen Systemen und ihren jeweiligen Prozessen. Jedes System kann auf vielfältigste Weise operieren, also Neues denken und kommunizieren, doch ist es nicht möglich, dass jede Möglichkeit realisiert wird. Daher muss zwischen den zu realisierenden bzw. realisierten (Aktualität) und den nicht zu realisierenden bzw. nicht realisierten Optionen (Possibilität) unterschieden werden. Das erlaubt der Sinnbegriff. Seine Einheit, also die Einheit der Differenz von Aktualität und Possibilität, stellt eine Totalität dar, die nicht mehr negiert werden kann.

41,8 f. *Die Negation von Sinn schließlich macht keinen Sinn, wenn sie keinen Sinn macht:* Anders gewendet: Die Negation von Sinn selbst macht Sinn.

41,26 *re-entry:* Der Begriff meint den Wiedereintritt einer Unterscheidung in das von ihr Unterschiedene. Der Begriff geht auf den Formenkalkül von George Spencer Brown zurück (s. Anm. 19,7). So kann die Differenz zwischen System und Umwelt auf der Systemseite wiederum auftreten, und das System kann in sich zwischen System und Umwelt unterscheiden. Die Pointe liegt in einer konstruktivistischen Grundidee, auf die Luhmann hier versteckt anspielt. Wenn das System nicht außerhalb seiner selbst, also in der Umwelt operieren kann, dann kann es doch diesen seinen Umweltkontakt innerhalb seiner selbst nachbilden: Und genau das meint ›re-entry‹. Damit ist diese Denkfigur mit der Idee der Autoreflexion eng verwandt, denn so kann das System, das sich ja durch die Differenz zur Umwelt definiert, auf sich selbst beziehen, weil es in diesem ›re-entry‹ in sich selbst noch einmal vorkommt.

42,19 f. *funktionalen Äquivalenten:* Für die Systemtheorie ist der Begriff ›Funktion‹ grundlegend, denn durch seine Verwendung ist man nicht mehr gezwungen, Systeme substantialistisch, sondern vielmehr funktional zu definieren. Man muss nicht danach fragen, was ein System wesensmäßig ausmacht, sondern kann fragen, welche Funktion es hat, oder noch deutlicher: Man erkennt, dass bestimmte Funktionen erfüllt werden, und die operativen Voraussetzungen dieser Funktionserfüllung werden dann als System identifiziert. Das stellt eine so abstrakte Form dar, ein System zu identifizieren und zu charakterisieren, dass es sich anbietet, andere Systeme daraufhin zu befragen, ob sie eine Funktion erfüllen, die mit der Funktion des Ausgangssystem gleichwertig (äquivalent) ist, denn es geht ja nicht um eine substantielle Verwandtschaft, sondern nur um Funktionserfüllung. Wenn es also darum geht, von A nach B zu kommen, dann wären Fahrrad, Bus, Auto, Fußmarsch funktional äquivalent.

44,10 f. *assimilatio:* lat. ›Angleichung‹ oder ›Anverwandlung‹ (von Erkenntnis und erkanntem Gegenstand), als die man Erkenntnis auch denken könnte, wovon sich Luhmann jedoch grundsätzlich distanziert.

45,1 *Saussure:* Ferdinand der Saussure (1857–1913), Schweizer Linguist, einer der Begründer einer modernen Zeichentheorie. Luhmann spielt hier auf Saussures Zeichenmodell an. Demnach besteht ein Zeichen aus der Einheit (Luhmann übersetzt dies auch an anderer Stelle mit »Differenz«) von Signifikat (das Bezeichnete, also die Idee Baum) und Signifikant (dem Bezeichnenden, also dem Wort Baum). Ein Referent, also der konkrete Baum, auf den man hinweist, ist in diesem Zeichenmodell nicht vorgesehen.

45,1–4 *Zeichentheorie ... Semiologie, semiotics:* Auch der Begriff Semiotik ist mittlerweile geläufig. Abgesehen von Binnendifferenzierungen der Begriffe geht es in diesem Wissenschaftsfeld immer um die Frage, was ein Zeichen ist und wie Bedeutung entsteht. Die Semiotik Saussure'scher Ausprägung wird zur Grundlage des Strukturalismus, der wie die Systemtheorie eine Supertheorie, also eine Theorie ist, die auf alle möglichen Gegenstände angewandt werden kann. Sie unterscheiden sich im Kern durch ihren jeweiligen Systembegriff: System/Umwelt-Differenz in der Systemtheorie, System als Strukturzusammenhang im Strukturalismus.

45,9 f. *psychischen und sozialen Systemen, … Bewußtsein und Kommunikation:* Der Begriff der strukturellen Kopplung wird häufig mit dem Begriff der Interpenetration gleichgesetzt. Doch spielt Letzterer darauf an, dass sich Systeme wechselseitig durchdringen können. Luhmann spricht hier lediglich davon, dass Systeme ihre Komplexität für den Aufbau von Komplexität anderen Systemen zur Verfügung stellen (man denke etwa an das Zusammenspiel von Verlagswesen und Buchhandel, um ein ansprechendes Buchangebot zu verwirklichen). Der Begriff der strukturellen Kopplung stammt ursprünglich von Maturana (s. Anm. 15,12) und meint die stabile, rekursive Form einer Interaktion zwischen zwei geschlossenen, autopoietischen Systemen (wie z. B. Zellen). Strukturelle Kopplung im strengen Sinne setzt sich von beiden Verwendungsweisen ab. Sie meint, dass ein System für sein Prozessieren auf das Prozessieren eines anderen Systems – und umgekehrt – angewiesen ist. Der Begriff der ›Struktur‹ bezieht sich dabei auf den komplexen Ablauf solcher Prozesse, in denen Ereignisse weitere Ereignisse provozieren, auf die hin dann wiederum weitere Ereignisse folgen usw. ›Kopplung‹ meint, dass im einen System Ereignisse aus Ereignissen nur deswegen hervorgehen (also: dass prozessiert wird), weil das im anderen System ebenso der Fall ist, ohne dass jedoch die Prozesse miteinander verschmelzen. Ereignisse werden lediglich ko-produziert. – Nun muss man aber in einem zweiten Schritt fragen, für welche Systeme denn eine solche voraussetzungsreiche Konzeption einer strukturellen Kopplung angenommen werden kann. Und da lassen sich nur zwei Systeme identifizieren, die in diesem strengen Sinne strukturell gekoppelt sind, nämlich Bewusstsein und Kommunikation bzw., in anderer, hier aber synonymer Ausdrucksweise Luhmanns, das psychische und das soziale bzw. kommunikative System. ›Strukturelle Kopplung‹ beantwortet so die Frage (wie ein Aufsatztitel von Luhmann heißt): »Wie ist Bewußtsein an der Kommunikation beteiligt?«

Kommunikation und Denken stoßen sich wechselseitig in ihrem Prozessieren an. Dass die Idee der strukturellen Kopplung am Ende des vorliegenden Textes und dort in mehrfachen Varianten auftaucht, kann man als hierfür symptomatisch verstehen. Die Systemtheorie scheint auf ihr theoretisches Kernelement, also auf die strukturelle Kopplung von Bewusstsein und Kommunikation, zuzulaufen, von der sich auch ihre Erkenntnistheorie, wie im vorliegenden Text, herschreibt.

Literaturhinweise

Texte von Niklas Luhmann (Auswahl)

Rechtssoziologie. Opladen: Westdeutscher Verlag, 1980.
Ausdifferenzierung des Rechts. Frankfurt a. M.: Suhrkamp, 1981.
Soziale Systeme. Grundriß einer allgemeinen Theorie. Frankfurt a. M.: Suhrkamp, 1984.
Archimedes und wir. Berlin 1987a.
Biographie, Attitüden, Zettelkasten. In: Archimedes und wir. Berlin 1987a. S. 125–155.
Soziologische Aufklärung 4: Beiträge zur funktionalen Differenzierung der Gesellschaft. Opladen: Westdeutscher Verlag, 1987b.
Wie ist Bewußtsein an der Kommunikation beteiligt? In: Hans Ulrich Gumbrecht / K. Ludwig Pfeiffer (Hrsg.): Materialität der Kommunikation. Frankfurt a. M. 1988a. S. 884–905. (Repr. in: N. L.: Reden und Aufsätze. Hrsg. von Oliver Jahraus. Stuttgart: Reclam, 2001. S. 111–136.)
Die Wirtschaft der Gesellschaft. Frankfurt a. M.: Suhrkamp, 1988b.
Die Wissenschaft der Gesellschaft. Frankfurt a. M.: Suhrkamp, 1990.
Sthenographie und Euryalistik. In: Hans Ulrich Gumbrecht / K. Ludwig Pfeiffer (Hrsg.): Paradoxien, Dissonanzen, Zusammenbrüche. Situationen offener Epistemologie. Frankfurt a. M.: Suhrkamp, 1991. S. 58–83.
Das Recht der Gesellschaft. Frankfurt a. M.: Suhrkamp, 1993a.
Die Paradoxie der Form. In: Dirk Baecker (Hrsg.): Kalkül der Form. Frankfurt a. M.: Suhrkamp, 1993b. S. 197–212.
Die Kunst der Gesellschaft. Frankfurt a. M.: Suhrkamp, 1995.
Soziologische Aufklärung 6: Die Soziologie und der Mensch. Opladen: Westdeutscher Verlag, 1995. Wiesbaden: VS Verlag für Sozialwissenschaften [3]2008.
Die Gesellschaft der Gesellschaft. Frankfurt a. M.: Suhrkamp, 1997.
Short Cuts. Hrsg. von Peter Gente, Heidi Paris und Martin Weimann. Frankfurt a. M.: Zweitausendeins, 2000.
Die Religion der Gesellschaft. Frankfurt a. M.: Suhrkamp, 2000.
Die Politik der Gesellschaft. Frankfurt a. M.: Suhrkamp, 2000.

Reden und Aufsätze. Hrsg. von Oliver Jahraus. Stuttgart: Reclam, 2001.
Das Erziehungssystem der Gesellschaft. Frankfurt a. M.: Suhrkamp, 2002.
Einführung in die Systemtheorie. Hrsg. von Dirk Baecker. Heidelberg: Carl-Auer-Systeme, 2002.
Einführung in die Theorie der Gesellschaft. Hrsg. von Dirk Baecker. Heidelberg: Carl-Auer-Systeme, 2005.
Autopoiesis des Bewußtseins. In: Die Soziologie und der Mensch. Wiesbaden: VS Verlag für Sozialwissenschaften, [3]2008. S. 55–108.
Soziologische Aufklärung 1: Aufsätze zur Theorie sozialer Systeme. Wiesbaden: VS Verlag für Sozialwissenschaften, [8]2009a.
Soziologische Aufklärung 5: Konstruktivistische Perspektiven. Wiesbaden: VS Verlag für Sozialwissenschaften, [4]2009b.
Kontingenz und Recht. Berlin: Suhrkamp, 2013.
Systemtheorie der Gesellschaft. Hrsg. von Johannes F. K. Schmidt und André Kieserling. Berlin: Suhrkamp, 2017.
Die Grenzen der Verwaltung. Hrsg. von Johannes F. K. Schmidt und Christoph Gesigora. Nachw. von André Kieserling und J. F. K. S. Berlin: Suhrkamp, 2021.

Weiterführende Literatur

Arendt, Hannah: Martin Heidegger ist achtzig Jahre alt. In: H. A.: Menschen in finsteren Zeiten. [1968.] München 2012. S. 181–194.
Baecker, Dirk: Niklas Luhmann: Der Werdegang. In: Oliver Jahraus / Armin Nassehi [u. a.] (Hrsg.): Luhmann Handbuch. Stuttgart/Weimar 2012. S. 1–3.
– / Bolz, Norbert / Fuchs, Peter / Gumbrecht, Hans Ulrich / Sloterdijk, Peter: Luhmann-Lektüren. Hrsg. von Wolfram Burkhardt. Berlin 2010.
Bardmann, Theodor M. / Baecker, Dirk (Hrsg.): Gibt es eigentlich den Berliner Zoo noch? Erinnerungen an Niklas Luhmann. Konstanz 1999.
Berghaus, Margot: Luhmann leicht gemacht. Köln [4]2022.

Blanke, Eberhard: Niklas Luhmann: »… stattdessen …«. Eine biografische Einführung. Norderstedt ²2017.
Dammann, Klaus (Hrsg.): Wie halten Sie's mit Außerirdischen, Herr Luhmann? Nicht unmerkwürdige Gespräche mit Niklas Luhmann. Berlin 2014.
Derrida, Jacques: Grammatologie. Übers. von Hans-Jörg Rheinberger und Hanns Zischler. Frankfurt a. M. 1974.
Descartes, René: Discours de la Méthode. Bericht über die Methode. Frz./Dt. Übers. und hrsg. von Holger Ostwald. Stuttgart ²2019.
– Meditationes de Prima Philosophia. Meditationen über die Erste Philosophie. Lat./Dt. Übers. von Andreas Schmidt. Nachw. von Gregor Betz. Stuttgart 2020.
Dieckmann, Johann: Luhmann-Lehrbuch. München 2004.
Fuchs, Peter: Niklas Luhmann – beobachtet. Opladen 1992. Wiesbaden: 3. akt. Aufl., 2004.
– Sphinx ohne Geheimnis – Zur Unkenntlichkeitsbiographie Niklas Luhmanns. In: Oliver Jahraus / Armin Nassehi [u. a.] (Hrsg.): Luhmann Handbuch. Stuttgart/Weimar 2012. S. 4–7.
Glasersfeld, Ernst von: Einführung in den Radikalen Konstruktivismus. In: Paul Watzlawick (Hrsg.): Die Erfundene Wirklichkeit. München 1981. S. 16–38.
Glombik, Gerhard: Niklas Luhmann 1927–1998. Sozialwissenschaftler. In: G. G.: Prominente Ehemalige Johanniter. Lüneburg 2006. S. 61–69.
Habermas, Jürgen / Luhmann, Niklas: Theorie der Gesellschaft oder Sozialtechnologie – Was leistet die Systemforschung? Frankfurt a. M. 1971.
Hagen, Wolfgang (Hrsg.): Warum haben Sie keinen Fernseher, Herr Luhmann? Letzte Gespräche mit Niklas Luhmann. [Gespräche mit Dirk Baecker, Norbert Bolz, W. H. und Alexander Kluge.] Berlin 2004.
– (Hrsg.): Was tun, Herr Luhmann? Vorletzte Gespräche mit Niklas Luhmann. Berlin 2009.
Heider, Fritz: Ding und Medium. In: Lorenz Engell [u. a.] (Hrsg.): Kursbuch Medienkultur. Stuttgart 1999. S. 319–333.
Horster, Detlef: Niklas Luhmann. München 1997.

Jahraus, Oliver: Nachwort: Zur Systemtheorie Niklas Luhmanns. In: N. L.: Reden und Aufsätze. Hrsg. von O. J. Stuttgart 2001. S. 299–333.
– / Nassehi, Armin [u. a.] (Hrsg.): Luhmann Handbuch. Leben – Werk – Wirkung. Stuttgart/Weimar 2012.
Jensen, Stefan: Erkenntnis – Konstruktivismus – Systemtheorie. Einführung in die Philosophie der konstruktivistischen Wissenschaft. Opladen 1999.
Kant, Immanuel: Kritik der reinen Vernunft. Hrsg. von Ingeborg Heidemann. Stuttgart 2022.
Kittler, Friedrich: Ein Herr namens Luhmann. In: Theodor M. Bardmann / Dirk Baecker (Hrsg.): Gibt es eigentlich den Berliner Zoo noch? Erinnerungen an Niklas Luhmann. Konstanz 1999. S. 183–186.
Kneer, Georg / Nassehi, Armin: Niklas Luhmanns Theorie sozialer Systeme. Eine Einführung. München 1993.
Koschorke, Albrecht / Vismann, Cornelia (Hrsg.): Widerstände der Systemtheorie. Kulturtheoretische Analysen zum Werk von Niklas Luhmann. Berlin 1999.
Krause, Detlef: Ich hatte keinen Sex mit Monica Lewinsky! Luhmannsche Alltagsbetrachtungen. Heidelberg 2007.
Lehmann, Maren: Die Person als Form und als Medium. In: Heinz-Elmar Tenorth (Hrsg.): Form der Bildung – Bildung der Form. Weinheim/Basel/Berlin 2003. S. 43–68.
– Zur Aktualität von Niklas Luhmann. Einführung in sein Werk. Wiesbaden 2023.
Luhmann, Niklas / Maturana, Humberto / Namiki, Mikio / Redder, Volker / Varela, Francisco: Beobachter. Konvergenz der Erkenntnistheorie? München: Fink, 1992.
Lyotard, Jean-François: Der Widerstreit. Übers. von Joseph Vogl. München 1987.
Merleau-Ponty, Maurice: Das Sichtbare und das Unsichtbare. Gefolgt von Arbeitsnotizen. Hrsg. von Claude Lefort. Übers. von Regula Giuliani und Bernhard Waldenfels. München 1986.
Nassehi, Armin: Wie wirklich sind Systeme? Zum ontologischen und epistemologischen Status von Luhmanns Theorie selbstrefe-

rentieller Systeme. In: Werner Krawietz / Michael Welker: Kritik der Theorie sozialer Systeme: Auseinandersetzungen mit Luhmanns Hauptwerk. Frankfurt a. M. 1992. S. 43–71.
Reese-Schäfer, Walter: Niklas Luhmann zur Einführung. Hamburg 1992.
Scheffer, Bernd: Konstruktivismus. In: Oliver Jahraus / Armin Nassehi [u. a.] (Hrsg.): Luhmann Handbuch. Stuttgart/Weimar 2012. S. 327–330.
Schmidt, Johannes F. K.: Editorische Notiz. Zum Verhältnis von Rechtstheorie und Rechtssoziologie bei Niklas Luhmann. In: Niklas Luhmann: Kontingenz und Recht. Rechtstheorie im interdisziplinären Zusammenhang. Hrsg. von J. F. K. S. Berlin 2013. S. 330–344.
Schmidt, Siegfried J.: Der Radikale Konstruktivismus: Ein neues Paradigma im interdisziplinären Diskurs. Frankfurt a. M. 1987. S. 11–88.
Schützeichel, Rainer: Sinn als Grundbegriff bei Niklas Luhmann. Frankfurt a. M. / New York 2003.
Schulte, Günter: Der blinde Fleck in Luhmanns Systemtheorie. Frankfurt a. M. / New York 1993.
Spencer Brown, George: Laws of Form. New York 1979. (Dt.: Gesetze der Form. Übers. von Thomas Wolf. Lübeck 1997.)
Vogd, Werner: Die Wissenschaft der Gesellschaft. In: Oliver Jahraus / Armin Nassehi [u. a.] (Hrsg.): Luhmann Handbuch. Stuttgart/Weimar 2012. S. 224–230.
Wittgenstein, Ludwig: Logisch-Philosophische Abhandlung. Tractatus Logico-Philosophicus. Stuttgart 2022.

Nachwort

Zum Autor

Wer sich über das Leben von Niklas Luhmann informieren will, hat nicht die Möglichkeit, eine Biographie zu Rate zu ziehen, denn es existiert keine solche. Daran änderten auch ein »vielfach bekundetes Bedürfnis«[1] und zahlreiche Pläne nichts. An Stelle dessen gibt es eine Reihe von Erinnerungsbüchern, die – das machen schon die »nicht unmerkwürdigen«[2] Titel deutlich wie: *Gibt es eigentlich den Berliner Zoo noch?*, *Wie halten Sie's mit Außerirdischen, Herr Luhmann?*, *Warum haben Sie keinen Fernseher, Herr Luhmann?* oder *Ich hatte keinen Sex mit Monica Lewinsky!* – eher anekdotische Einblicke in dieses Leben geben, eine Tatsache, die selbst wiederum als symptomatisch gewertet werden kann.

Warum ist das eigentlich so? Dass man eine solche Biographie Luhmanns schreiben könnte, die sein Leben als Geschichte mit einer nachvollziehbaren Entwicklungslinie und mit markanten Höhepunkten und entscheidenden Erlebnissen erzählt, ist zwar nicht ausgeschlossen, jedoch eher unwahrscheinlich, denn weder dient das Leben als Zugang zum Werk noch umgekehrt. Zwei Gründe mag man dafür ins Feld führen:

1. Luhmann selbst verweigerte sich einem biographischen Zugriff. Ein Leben, so führt er gerade in einem der wenigen Interviews aus, in denen er biographische Infor-

1 Fuchs 2012, S. 4.

2 So wird es auch in einem Titel benannt: Dammann 2014.

mationen lieferte, bestehe aus einer Reihe von Zufällen,[3] daher hat er selbst die Voraussetzungen dafür geschaffen, dass man sich an ihn und sein Leben – abgesehen von der umfassenden wissenschaftlichen Auseinandersetzung mit seinem Werk – eher anekdotisch erinnert. Eine Biographie auf der anderen Seite jedoch müsse – so könnte man (s)eine Gegenposition formulieren – eine konsistente Geschichte, gar einen Lebenslauf in aufsteigender Linie mit den entsprechenden Bruchstellen und Höhepunkten erzählen, die man dann auf das Werk beziehen könnte. Das hat Luhmann für sein Leben ausgeschlossen. Eine autobiographische Selbsterforschung hat er sogar aus systematischen Gründen abgelehnt, weil das Ich bzw. ein Ich für sich selbst nicht als konsistenter und aufrichtiger Entwurf zugänglich sei: »Die Frage des ›Wer bin ich?‹ führt zwangsläufig ins Dunkel, aus dem man nur auf unehrliche Weise, durch Entparadoxierung wieder herausfindet.«[4] Man wird gerade bei der Lektüre von *Erkenntnis als Konstruktion* sehen, dass diese biographische Zurückhaltung durchaus eine epistemologische Entsprechung hat. So wie Luhmann das Ich als biographischen Fokus ablehnt, so lehnt er das Ich als Instanz einer »Subjekttheorie der Erkenntnis« (S. 11) ab.

Er betonte vielmehr die Nichtnotwendigkeit bzw. Kontingenz seines Lebens, so wie Kontingenz in seinem Werk grundsätzlich eine große Rolle spielt:

> Eine Biographie ist eine Sammlung von Zufällen, das Kontinuierliche besteht in der Sensibilität für Zufälle. In-

3 Luhmann 1987a, S. 134.
4 Luhmann 2008, S. 70.

sofern kann man auch bezüglich meiner Biographie von einer Kette von Zufällen sprechen: der politische Umbruch 1945, den ich mit offenen Augen erlebte; das Jurastudium, in dem man eine Reihe von Organisations-Tricks lernte und zugleich eine Art Augenmaß, was mich, nebenbei gesagt, für immer für die Selbstverwaltung in Universitäten verdorben hat; und dann natürlich die Beschäftigung mit Parsons und Husserl, also die Zusammenschließung von Sinnanalyse und Funktionsbegriff.[5]

Auf die Frage, seit wann er sich mit Kontingenz beschäftige, soll er, wie der Literatur-, Medien- und Kulturwissenschaftler Friedrich Kittler (1943–2011) berichtet, geantwortet haben:

> Herr X, unsere Gymnasialklasse ist 1945 noch zur Wehrmacht einberufen worden. Ich stand mit meinem Banknachbarn an der Brücke Y, zwei Panzerfäuste in vier Händen. Dann machte es Zisch, ich drehte mich um – da war kein Freund und keine Leiche, da war nichts. Seitdem, Herr X, denke ich Kontingenz.[6]

Wohl unbeabsichtigt stellt Luhmann dabei an dieser Stelle gerade die Verbindung zwischen Leben und Werk her, die er eigentlich dementieren wollte. Die Auseinandersetzung mit Kontingenz, die im Rahmen seiner Theorie auf einer hochabstrakten Frage nach der Konstitution von Gesellschaft angesiedelt ist, lässt sich also immerhin als auch mo-

5 Luhmann 1987a, S. 134.
6 Kittler 1999, S. 183.

tiviert durch spezifische Lebenserfahrungen Luhmanns durchschauen. Luhmann hat Kontingenz vor allem als Unordnung erfahren und dies auch auf seine Lebensentscheidungen – insbesondere seine Entscheidung, Jura zu studieren – bezogen. So berichtet aus demselben Gespräch Kittler:

> Er hatte unmittelbar nach jener Kriegsgefangenschaft seine Mutter in der Schweiz besucht, auf dem Rückweg ein obskures Schweizer Ausländergesetz übertreten, sieben Tage lang im Gefängnis gesessen und dort einen SS-Mann in der Nachbarzelle nach seinem Anwalt schreien hören. [...] Die Schweiz hielt jenen SS-Mann ohne Verfahren oder Verteidigung hinter Riegeln, bloß weil ein aktenkundiger Auslieferungsantrag der Volksrepublik Polen ihm den sicheren Galgen beschert hätte. Diese Botschaft kam an. »Seit damals«, sagte Luhmann, »wollte ich Jurisprudenz studieren.«[7]

In einem Radiogespräch mit dem Medienwissenschaftler Wolfgang Hagen (1950–2022) kurz vor seinem Tod berichtet Luhmann von dramatischen Erfahrungen in seiner Kriegsgefangenschaft im Jahr 1945. Unordnung wird körperlich als Rechtsverstoß erfahren: »Ja, man wurde geprügelt. ...«[8] Die abgebrochenen Sätze des Interviews – unter dem Titel *Es gibt keine Biografie* – machen noch Jahre später den traumatischen Charakter dieser Erfahrung anschaulich. Im selben Zusammenhang kommt Luhmann dann auf sein Jurastudium zu sprechen. Diese Erfahrung bezeichnen der Litera-

7 Ebd., S. 185.
8 Hagen 2005, S. 18.

turwissenschaftler Albrecht Koschorke und die Rechtshistorikerin Cornelia Vismann in ihrem Versuch, Luhmanns Theorie auf seine Lebenserfahrungen zurückzuführen, als »lebensweltliches Initialmoment«[9] für Luhmanns Jurastudium. Luhmann erklärt selbst: »Auf Jura bin ich eigentlich gekommen, weil ich das Gefühl hatte, das ist eine Möglichkeit, Ordnung zu schaffen in dem Chaos, in dem man lebte«.[10] Koschorke und Vismann sehen in Jura ein Beispiel einer »Ordnungswissenschaft« und deuten dieses Moment genealogisch, indem sie die Entscheidung für das Jurastudium in der Entwicklung der Systemtheorie fortgesetzt sehen: Von dieser Stelle bzw. »von der Erfahrung aus, daß es Unordnung gibt, ließe sich die Herkunft der Systemtheorie aus dem Begehren ableiten, Ordnung zu schaffen«.[11] Die Geburt der Systemtheorie aus dem Wunsch heraus, Gesellschaft als Ordnung wissenschaftlich zu erfassen.

2. Es lässt sich noch ein weiterer Grund entwickeln, warum sich Luhmanns Leben so deutlich gegen eine biographische Darstellung sträubt. Luhmann selbst hat es mehrfach verneint, dass die Biographie sich im Werk widerspiegelt. Vielmehr verhalte es sich eher umgekehrt und das Werk spiegele sich im Leben wider. Diesen Eindruck hat er selbst immer wieder unterstrichen: So wie sein Werk und seine Theorie, die Systemtheorie, vom Menschen absieht, so war auch er abgeneigt, das Biographische im Leben sehen oder sichtbar machen zu wollen. Luhmanns Leben steht – auch in seiner eigenen Auffassung – so weit hinter dem Werk zu-

9 Koschorke/Vismann 1999, S. 14; Hagen 2005, S. 11.
10 Hagen 2005, S. 17; s. a. Glombik 2006, S. 65; Blanke 2017, S. 42.
11 Koschorke/Vismann 1999, S. 14.

rück, dass das Leben zumindest als Interpretament des Werkes – im Sinne der Formel ›Leben und Werk‹ – uninteressant wirkt. So mag man Luhmann eine Haltung zugestehen, wie sie Martin Heidegger (1889–1976) für sich mit Bezug auf Aristoteles (384–322 v. Chr.) gerne (und vergeblich) in Anspruch genommen hätte: »Aristoteles wurde geboren, arbeitete und starb«, soll Heidegger auch mit Bezug auf sich selbst geäußert haben.[12] Luhmanns Einstellung zum Biographischen hätte man vielleicht unter dieses Motto stellen können: Er wurde geboren (am 8. Dezember 1927), er arbeitete und starb (am 6. November 1998).

Mit Luhmann selbst könnte man eine solche Einstellung befeuern. Dreißig Jahre seiner Lebenszeit (und damit auch die letzten dreißig Jahre seines Lebens) hat er eben nicht als biographischen, sondern als werkgenetischen Spannungsbogen charakterisiert:

> Bei meiner Aufnahme in die 1969 gegründete Fakultät für Soziologie der Universität Bielefeld fand ich mich konfrontiert mit der Aufforderung, Forschungsprojekte zu benennen, an denen ich arbeite. Mein Projekt lautete damals und seitdem: Theorie der Gesellschaft; Laufzeit: 30 Jahre; Kosten: keine. Die Schwierigkeiten des Projekts waren, was die Laufzeit angeht, realistisch eingeschätzt worden.[13]

Fast genau dreißig Jahre nach diesem Ausspruch und der Berufung nach Bielefeld erscheint 1997 Luhmanns Opus

12 Arendt [1968] 2012, S. 186.
13 Luhmann 1997, S. 11.

magnum *Die Gesellschaft der Gesellschaft*, das als Schlusspunkt seiner systemtheoretischen Gesellschaftstheorie verstanden werden kann. Die Laufzeit wurde eingehalten – und ebenso die Kostenprognose. Bemerkenswert ist, dass dieses theoretische Œuvre, das so sehr den Menschen als Individuum aus den gesellschaftstheoretischen Überlegungen heraushielt bzw. exilierte, eine eigentümliche existentielle Note bekommt, wenn man bedenkt, dass Luhmann fast genau nach Ablauf dieser Zeit nicht nur den (systematisch) letzten Baustein seines theoretischen Gebäudes vorgelegt hatte, sondern auch verstarb.

Bis dahin hatte er nicht nur einen *Grundriß einer allgemeinen Theorie* – so der Untertitel des 1984 erschienenen, wegweisenden Buches *Soziale Systeme* – vorgelegt, sondern insbesondere auch die anderen großen Bausteine in jeweils eigenen Monographien abgehandelt: *Die Wirtschaft der Gesellschaft* (1988), *Die Wissenschaft der Gesellschaft* (1990), *Das Recht der Gesellschaft* (1993), *Die Kunst der Gesellschaft* (1995). Postum erschienen noch weitere dieser Bausteine; sie wurden auf der Basis von Manuskriptmaterial veröffentlicht, das auch in diesen dreißig Jahren entstanden ist: *Die Religion der Gesellschaft* (2000), *Die Politik der Gesellschaft* (2000), *Das Erziehungssystem der Gesellschaft* (2002), *Kontingenz und Recht* (2013), *Die Grenzen der Verwaltung* (2021) sowie weitere Entfaltungen der Grundlagen auf der Basis von Vorlesungsmanuskripten *Einführung in die Systemtheorie* (2002), *Einführung in die Theorie der Gesellschaft* (2005) und *Systemtheorie der Gesellschaft* (2017).

Welches Leben gab es hinter dieser immensen Theorieentwicklung und Textproduktion? Dass man ein solches Werk trotz alledem auf die Person des Autors zurechnen würde, war auch Luhmann selbstverständlich bewusst. Wer steckt dahinter? Sein Schüler Peter Fuchs kennt die Antwort: »Nichts steckt dahinter!«[14] Luhmann selbst tritt als Person ganz und gar hinter das Werk zurück und formuliert dies geradezu programmatisch, wiederum bemerkenswerterweise in einem Interview, in dem es um sein Leben und um seine Biographie geht:

> Nun, ich kann sicher einen biographischen Bericht erstatten, aber einerseits frage ich mich dann: Wen interessiert das? Und andererseits möchte ich auch gerne die biographische Lesart meiner Arbeiten aus den an diese Arbeiten anschließenden Verstehensprozessen heraushalten. Denn wenn jemand das braucht, um zu verstehen, was ich geschrieben habe, dann habe ich schlecht geschrieben.[15]

Das ist konsequent im Sinne seiner (System-)Theorie und zugleich kokett, weil solche Zurechnungsprozesse auf Personen das Verstehen, selbst wenn es rein prozessual gedacht wird, eben doch immer begleitet, auch wenn diese Betrachtungsweise eher aus hermeneutischer als aus systemtheoretischer Perspektive stammen mag. Das Leben des Autors als Interpretationsfolie zu benutzen, mag zwar wissenschaftlich fragwürdig, aber darüber hinaus durchaus verlockend sein. So ließe sich die Frage ›für wen‹ immerhin gegebenenfalls auch mit den Lesern und Leserinnen dieses Buches beantworten, sofern sie dieses Kapitel »Zum Autor«

14 Fuchs 2012, S. 4.
15 Luhmann 1987a, S. 19.

durchlesen. Auch und gerade für das Profil des Wissenschaftlers ist ein akademischer Lebenslauf, diese Schwundstufe des Biographischen, oftmals notwendig und wird verlangt. Luhmann selbst soll einen solchen Lebenslauf in seinem Büro bereitgehalten haben, sollte eine Besucherin oder ein Besucher Interesse daran äußern.[16]

Darüber hinaus gibt es eine Reihe von Interviews und Gesprächen mit Niklas Luhmann. In diesen werden bestimmte spezielle Aspekte beleuchtet, und Luhmann versucht, seinem Publikum grundlegende Gedanken seiner Theorie vereinfacht darzustellen und zu erläutern.[17] In diesen Situationen ist Luhmann dem Genre entsprechend persönlich präsent – und so kommt in diese Texte immer auch eine persönliche Note mit hinein.

In dieser Reihe gibt es aber auch drei Interviews, die sich explizit seiner Biographie widmen: *Biographie, Attitüden, Zettelkasten* (1987), *Biographie im Interview* (1997) und (mit dem paradoxen Titel) *Es gibt keine Biografie* (2004).[18] Diese Interviews haben eine doppelte Perspektive. Zum einen ist es Luhmann selbst, der über sein Leben spricht. Was wir von ihm erfahren, ist authentisch und subjektiv. Auch wenn die Fragen bestimmte Aspekte beleuchten wollen, so ist es doch er, der die Schwerpunkte setzt und entscheidet, was er preisgibt, worauf er sein Schwergewicht legt – und auch, was er öffentlich nicht äußert.

Neben einer Vielzahl von Einführungen in Luhmanns

16 Baecker 2012, S. 1.

17 Luhmann 1987a, S. 125–155; Hagen 2009; Hagen 2005; Dammann 2014.

18 Luhmann 1987a, S. 125–155; Horster 1997, S 25–47; Hagen 2005, S. 13–48.

Werk gibt es mittlerweile auch eine Veröffentlichung, die den Zugang zum Werk und zur Theorie explizit über den biographischen Weg versucht: *Niklas Luhmann »... stattdessen ...«. Eine biografische Einführung* von Eberhard Blanke.[19] Diese Arbeit enthält zwei große Abschnitte zu Leben und Werk, trennt also die Sphären, versucht aber dennoch, das biographische Unternehmen auf der Höhe der Theorie anzusiedeln. So listet Blanke in seinem biographischen Abriss auch eine Reihe von »Szenen« auf, die auf Theorieelemente bezogen werden, was mehr oder weniger überzeugend wirkt: Dass der schwierige Small Talk mit einer Studentin, die Luhmann im Auto nach Hause fährt, doppelte Kontingenz verdeutlichen soll, darf dahingestellt bleiben.[20] Es problematisiert – ganz im Luhmann'schen Sinne – biographische Lesarten und »Kausalherleitungen«[21] des Werks aus dem Leben. Das Werk und die Texte könnten vor der Folie der Biographie nicht verstanden werden. Blanke sieht vielmehr Leben und Werk nun selbst in einem systemtheoretisch gedachten Zusammenhang, nämlich als Differenz von System und Umwelt,[22] sodann als Differenz von Selbstbeschreibung und Fremdbeschreibung, von Beobachtung und Operation,[23] Tautologie und Paradoxie[24] oder von Unterscheidung (*distinction*) und Bezeichnung (*indication*) nach dem von Luhmann übernommenen Formelkalkül – *Laws of Form* – des britischen Mathematikers George Spen-

19 Blanke 2017.
20 Ebd., S. 81 f.
21 Ebd., S. 43.
22 Ebd., S. 9.
23 Ebd., S. 29.
24 Ebd., S. 27.

cer Brown (1923–2016).[25] Oder einfacher ausgedrückt: Die Differenz von Leben und Werk, von Biographie und Theorie wird von Blanke selbst wiederum theoretisch als doppelte Systemreferenz begriffen.[26] Die Differenz von Leben und Werk ist daher für die Lebensbeschreibung wie für die Darstellung des Werkes – als Beobachtungsprinzip – leitend: Die Person werde »dann unter Verwendung der Unterscheidung von Person und Werk und das Werk unter Verwendung der Unterscheidung von Person und Werk beobachtet«.[27] Die Unterscheidung von Leben (Person) und Werk kommt auf jeder der beiden Seiten der Unterscheidung noch einmal vor; »re-entry« nennt das Blanke mit Luhmann.[28] Und so beobachtet die biographische Einführung auch, wie sich Leben und Werk wechselseitig beobachten.[29] Der Name Luhmann steht für Differenzen (z. B. von Leben und Werk), die paradoxerweise als Differenz *und* als Einheit eben dieser Differenz begriffen werden soll.

Die paradoxe Formel dieser Annäherung lautet: »Individuum = Text / Individuum ≠ Text«.[30] Eine Biographie müsste man als Beobachtung begreifen, die die »Einheit der Differenz des Beobachtens« beobachte – und das führe im Falle Luhmanns und in der Perspektive von Luhmanns Theorie auf seine Biographie zu einem Paradox. ›Luhmann‹ ist daher für diese biographische Einführung – und das ist ihr Fazit – nicht als der Name einer Einheit von Differenz von Leben

25 Ebd., S. 19 f.
26 Ebd., S. 19, 23.
27 Ebd., S. 29.
28 Ebd., S. 30.
29 Ebd., S. 18.
30 Ebd., S. 23.

und Werk begreifbar, obschon sie genau das vorzugeben scheint.[31] Eine Biographie Luhmanns auf der Höhe seiner Theoriebildung wäre mithin eine »paradoxe Biografie«[32].

Dennoch lassen sich Stationen angeben und ein Lebensweg nachzeichnen:[33] Niklas Luhmann stammt aus einer alteingesessenen Lüneburger Brauerfamilie; die Brauerei musste allerdings in den 1960er Jahren aufgegeben werden. Seine Schulzeit war geprägt vom Nationalsozialismus, auch wenn die Familie, insbesondere der Vater, dem Nationalsozialismus eher distanziert gegenüberstand. Auch der junge Luhmann lässt sich davon nicht anstecken. 1934 tritt er in die Grundschule ein und konnte schon nach drei Jahren auf das Gymnasium, das Johanneum in Lüneburg, wechseln. Kriegsende, Schulende und Studienwahl fallen zusammen und haben vielleicht auch deswegen eine so nachhaltige Wirkung, da sich dort Leben und Werk verschränken. Luhmann studiert von 1945 bis 1949 Jura. Mit dem Beginn und dem Abschluss des Jurastudiums lassen sich auch zwei erste wichtige Lebensdaten benennen, nämlich der Wunsch, die Kontingenz des eigenen Lebens durch eine Ordnungswissenschaft einzudämmen, und die Frage, wie man umgekehrt mit dieser Ordnungswissenschaft das eigene Leben gestaltet.

Luhmann wird von 1949 wenigstens bis 1962 brauchen, um diese Frage zu beantworten. Blanke spricht von einer

31 Ebd., S. 33.
32 Ebd., S. 31.
33 Für das Folgende siehe vor allem Blanke 2017 und das Luhmann-Interview (»Biographie im Interview«), das Detlef Horster mit Luhmann geführt hat (Horster 1997, S. 25–47).

»unbestimmte[n] Zeit«[34] im Leben Luhmanns. Es zeichnet sich eine Laufbahn als Jurist in unterschiedlichen Positionen ab, die jedoch für Luhmann nicht erfüllend ist. Nach dem Abschluss arbeitet er als Referendar in einer Anwaltskanzlei. 1954 geht er zum Oberverwaltungsgericht Lüneburg. Von 1956 bis 1962 war er Landtagsreferent im niedersächsischen Kultusministerium, dann, 1960/61, zeichnen sich seine neuen, wissenschaftlichen Interessen schon deutlicher ab. Dass er 1960 heiratete – eine Ehe, aus der drei Kinder hervorgingen –, spielt in diesem Zusammenhang kaum eine Rolle, eine Tatsache, die auch die Trennung zwischen bürgerlicher Existenz in Privat- und Berufsleben einerseits und von Theorieentwicklung andererseits zusätzlich unterstreicht. In dieser Zeit konnte er mit einem Stipendium nach Harvard gehen und dort studieren. Er setzt sich dabei insbesondere mit den Theorien des amerikanischen Soziologen Talcott Parsons (1902–1979) auseinander, den er auch persönlich kennenlernt. Damit ist der Weg von der Jurisprudenz zur Soziologie und mithin zu einer systemischen, systemtheoretischen Soziologie und auch der biographische Weg von der Tätigkeit als Jurist zum Wissenschaftler schon vorgebahnt.

Die Zeit von 1962 bis 1967 könnte man als die nächste Etappe bezeichnen, die jener unbestimmten Zeit als Jurist folgt – als ein Vorlauf des Juristen über die Wissenschaft hin zur Systemtheorie. Ab 1962 zeichnet sich dieser Weg deutlich ab, denn ab diesem Jahr bis 1965 ist Luhmann Referent an der Deutschen Hochschule für Verwaltungswissenschaften in Speyer. Von dort aus wird er 1964 zum Vortrag

34 Blanke 2017, S. 47.

an die Sozialforschungsstelle der Universität Münster (die sich damals in Dortmund befindet und ab 1969 an der neugegründeten Universität Bielefeld angesiedelt ist) eingeladen. Dort lernt er den Soziologen Helmut Schelsky (1912–1984) kennen, der von seinem Vortrag so beeindruckt gewesen sein muss, dass er weitere Weichen stellt. Denn Schelsky holt Luhmann 1965 an seine Forschungsstelle, obschon dieser selbst sich an der Hochschule in Speyer wohlfühlt. Die wissenschaftlichen Qualifikationen erhält der »Quereinsteiger im Wissenschaftsbetrieb«[35] in nur einem Jahr auf Initiative von Schelsky: Luhmann wird 1966 promoviert und habilitiert. Luhmann hat sich damit also voll und ganz »auf diese berufliche Wandlung eingelassen«[36]. 1967 ist der Weg zur Wissenschaft und zur Soziologie abgeschlossen, am 25. Januar 1967 hält er seine Antrittsvorlesung über das Thema *Soziologische Aufklärung* an der Rechts- und Staatswissenschaftlichen Fakultät der Westfälischen Wilhelms-Universität in Münster.[37] Der Weg von der Jurisprudenz zur Soziologie ist für Luhmann ein Lebensweg: Es ist nicht nur der Wechsel von einer Ordnungswissenschaft zu einer anderen, es ist zugleich eine Ausweitung, Generalisierung und Radikalisierung seiner fundamentalen Frage, wie Ordnung überhaupt möglich ist. Luhmann selbst gibt an, er sei an einem Lehrstuhl für Soziologie »deshalb besonders interessiert, weil man als Soziologe alles machen kann, ohne auf einen bestimmten Themenbereich festgelegt zu sein«.[38]

35 Ebd., S. 63.
36 Luhmann 1987a, S. 141.
37 Luhmann 2009a, S. 83–115.
38 Ebd.

Dass Luhmann seine Systemtheorie aus seiner Kompetenz als Jurist heraus entwickelt, kann man an seinen systemtheoretischen Publikationen, die sich dem Recht widmen, ablesen. Allein vier große Bücher (Monographien und monographische Aufsatzsammlungen) widmen sich diesem Feld: *Das Recht der Gesellschaft* (1993), *Rechtssoziologie* (1980), *Ausdifferenzierung des Rechts* (1981), *Kontingenz und Recht* (2013). Dabei setzt sich Luhmann mit dem Recht sowohl als Jurist aus rechtsinterner Perspektive rechtstheoretisch als auch als Soziologe aus rechtsexterner Perspektive rechtssoziologisch auseinander. Diese doppelte Zugangsweise sei »natürlich einerseits biographisch erklärbar«, schreibt der Herausgeber von *Kontingenz und Recht*, Johannes F. K. Schmidt, doch betont er auch die andere Seite: Für die »Entwicklung einer allgemeinen Theorie sozialer Systeme« bildete das »Recht [...] aufgrund der Charakteristika eines selektiven, sich deutlich von anderen sozialen Sachverhalten sich abgrenzenden Sinnzusammenhangs einen nahezu idealen Gegenstand«[39].

1967 wird Luhmann an die Reformuniversität Bielefeld berufen. Als er hier als Professor Fuß fasst, kommt es zu der erwähnten berühmten Aussage über den weiteren Forschungsplan: »Laufzeit: 30 Jahre; Kosten: keine.« Fast scheint es, als würde das Leben ab diesem Zeitpunkt in der Werkgenese aufgehen. Besondere biographische Geschichten lassen sich nicht mehr erzählen; es bleibt bestenfalls bei Anekdoten aus der Selbstverwaltung der Universität oder der Begegnung mit Kolleginnen und Kollegen im Zusammenhang mit wissenschaftlicher Reisetätigkeit, in denen

39 Schmidt 2013, S. 331 f.

Luhmann in einer Kombination aus hochabstrakter Theorie und schrulligen Eigenheiten charakterisiert wird.

Eine Ausnahme bildet vielleicht noch der Kontakt zu Jürgen Habermas, insbesondere auch deswegen, weil mit den beiden Namen Luhmann und Habermas zwei grundsätzliche und konkurrierende Modelle von Gesellschaftstheorie gegeneinander stehen. Luhmann – und das war nicht nur der Anlass der Begegnung mit Habermas, sondern ist auch ein Treppenwitz der Fachgeschichte der Soziologie – vertrat gerade im Jahr 1968, als es auch zu Streiks und Unruhen an den Universitäten kam, just den Adorno-Lehrstuhl. Habermas lädt Luhmann zu einem gemeinsamen Seminar ein, zu dem beide Texte produzieren. Als Habermas eine Publikation vorbereitet, steuert auch Luhmann, der zunächst in diesen Plan nicht eingeweiht war, seinen Text bei, so dass es zu dieser antagonistischen Zweiteilung kommt, die auch der Titel ausdrückt: *Theorie der Gesellschaft oder Sozialtechnologie – Was leistet die Systemforschung?* (1971). Damals war, wie Luhmann angibt, die Systemtheorie noch kein »Pendant«, keine »Alternative« zur Kritischen Theorie.[40] Dass sich das ändern sollte, wird die Geschichte der Sozialwissenschaft und der Soziologie nicht nur im deutschsprachigen Raum im 20. Jahrhundert und darüber hinaus unübersehbar zeigen.

40 »Biographie im Interview«, in: Horster 1997, S. 40.

Systemtheorie als Erkenntnistheorie

Es mag wie ein eigenartiger Werbespruch klingen, zu behaupten, dass, wer auch immer dieses Büchlein liest, die vermutlich kleinste Monographie von Niklas Luhmann in den Händen hält, und doch öffnet sich damit eine Perspektive auf diesen Text und auch auf seine Einbettung in Niklas Luhmanns großes soziologisches und insbesondere systemtheoretisches Werk. Insofern mag ein Kommentar zu diesem Text immer auch als kleine Einführung in Luhmanns Systemtheorie gelesen werden.

Tatsächlich ist nicht nur diese Ausgabe, sondern war auch die Erst- bzw. die ursprüngliche Ausgabe monographisch bzw. selbständig. Diese kam 1988 im Verlag Benteli als eigenständige Schrift heraus. Kann man deswegen schon von einer eigenständigen Monographie sprechen?

Einerseits mag das gewagt, wenn nicht überzogen sein, denn die Schrift geht auf einen Vortrag zurück, den Luhmann am 23. Oktober 1988 im Kunstmuseum Bern gehalten hat. Dass er noch im selben Jahr als selbständiger Band in der von Gerhard J. Lischka herausgegebenen Schriftenreihe *um 9* im Verlag Benteli publiziert wurde, mag auf die Zufälle des Publikationsgeschäftes zurückgehen. Tatsächlich hat man bei der ursprünglichen Publikation jedoch einiges getan, um eine solche Form der Veröffentlichung zu rechtfertigen. Das Büchlein umfasst 74 Seiten. Auf diese Seitenzahl kam man nur, indem man den verschriftlichten Text des Vortrages großzügig gesetzt und die Absatzgliederung geradezu ausschweifend gedehnt hat (jeder Absatz bekommt eine eigene Binnen-Titelseite mit der entsprechenden Nummer von 1 bis 7). Zudem wurde dem Bändchen eine Fotografie von Luhmann und ein Literaturverzeichnis seiner Schriften beigegeben.

Die 74 Seiten der Benteli-Veröffentlichung konnten bei der Übernahme des Textes in den Band *Niklas Luhmann. Reden und Aufsätze* (2001) auf gerade einmal 25 Seiten reduziert werden. Dabei wurden die Absatzeinteilung sowie die Beigaben weggelassen; und so wurde insbesondere auch der eigenständige, monographische Charakter der ursprünglichen Publikation zum Verschwinden gebracht. Der Text wurde eher als Aufsatz bzw. als Rede präsentiert. Dass nun die Möglichkeit besteht, den Text wieder neu und – wie in der lange vergriffenen Erstpublikation – wieder eigenständig herauszugeben, öffnet noch einmal den Blick auf den potentiell monographischen Charakter.

Und damit komme ich zur anderen Seite dieser Betrachtung, die nicht von den Kontingenzen des Publikationsbetriebs ausgeht, sondern den monographischen Charakter ernst nimmt. Diese Perspektive lässt sich dann nicht mehr alleine an der Publikationsform festmachen, sondern muss auch den Inhalt und vor allem die Bedeutung mit einbeziehen, die dieser Text für die Entwicklung von Luhmanns Systemtheorie hat. In dieser anderen Perspektive hätte man ja auch vermuten können, dass der Text, wenn der Vortrag zu einem Aufsatz ausgearbeitet worden ist, Luhmann ihn in eine seiner Aufsatzsammlungen integriert haben könnte. Zuallererst könnte man in diesem Zusammenhang an die Folge der Bände der *Soziologischen Aufklärung* und hierbei wiederum an Band 5 denken, der sich den *Konstruktivistischen Perspektiven* widmet.[41] Über die tatsächlichen Grün-

41 Luhmann 2009b.

de, warum Luhmann den Text nicht in diesen Band aufgenommen hat, kann man natürlich nur Vermutungen anstellen, vielleicht stand das auch nie zur Debatte, doch wenn man annimmt, er hätte sich gegen diese Vorgehensweise entschieden, dann kann man diese Voraussetzung als eine heuristische Überlegung nutzen. Wäre der Text in diesen Band aufgenommen worden, das macht diese kontrafaktische Überlegung deutlich, dann wäre eine bestimmte Leserichtung schon vorgegeben gewesen, die man auch sonst festgestellt hat. So hat beispielsweise der Literaturwissenschaftler Bernd Scheffer *Erkenntnis als Konstruktion* als »Auseinandersetzung mit dem Konstruktivismus« charakterisiert.[42] Und er hat damit eine entscheidende Dimension herausgestellt – und doch zu kurz gegriffen. Nimmt man also weiterhin – spekulativ, zugegeben – an, dass die eigenständige Publikationsform bewusst gewählt worden wäre, dann könnte man dafür auch einen Grund angeben: Es geht in diesem Text nicht nur um eine Auseinandersetzung mit dem Konstruktivismus, es geht auch nicht nur, wie der Titel eines Readers zum Thema fragt, um eine »Konvergenz« beobachtergestützter Erkenntnistheorien.[43] Vielmehr dient diese Auseinandersetzung einer neu fundierten Erkenntnistheorie der Systemtheorie und ihrem ganz eigenen Konzept von Beobachter und Erkenntnis.

Luhmann bezieht sich mehrfach auf Immanuel Kant (1724–1804) und auf die idealistische Erkenntnistheorie. Spätestens seit Kant stellt die Erkenntnistheorie, also die philosophische Frage, wie Erkenntnis überhaupt möglich

42 Scheffer 2012, S. 327.
43 Luhmann/Maturana/Namiki/Redder/Varela 1992.

ist, die Grundfrage der Philosophie dar, ja, sie wird sogar mit der Philosophie gleichgesetzt. Philosophie ist nicht Metaphysik oder Ontologie, sondern sie ist zuallererst Erkenntnistheorie. Daran mag man den Anspruch ermessen, den Luhmanns Idee, wie er sie in *Erkenntnis als Konstruktion* (und nicht nur hier, hier aber paradigmatisch) ausdrückt, hat: Die Systemtheorie beerbt die Philosophie als Erkenntnistheorie und löst deren radikalen Anspruch, ›erste‹ (also fundamentale) Philosophie zu sein, überhaupt erst ein.

Und auch innerhalb des Luhmann'schen Denkgebäudes der Systemtheorie kann man dem Text *Erkenntnis als Konstruktion* eine herausragende Position und Funktion zusprechen. Die Publikation muss als erkenntnistheoretischer bzw. epistemologischer Baustein gewertet werden, der die große Konstruktion der Systemtheorie von den *Sozialen Systemen* (1984) hin zu dem großen abschließenden Werk, das zuletzt noch von Luhmann selbst zur Publikation gegeben wurde, der *Gesellschaft der Gesellschaft* (1997), stützt. Sie stellt die methodologische Grundlegung der *Sozialen Systeme*, die auf eine Systemtheorie der Gesellschaft abzielt bzw. diese begründet, auf eine neue epistemologische Grundlage. Als solche liegt sie dann allen Monographien über die einzelnen Funktionssysteme der Gesellschaft von der *Wissenschaft der Gesellschaft* (1990) bis zur *Moral der Gesellschaft* (2008) unabhängig davon zugrunde, ob sie von Luhmann selbst schon vor der *Gesellschaft der Gesellschaft* oder von anderen nach der *Gesellschaft der Gesellschaft*, also auch nach Luhmanns Tod 1998, herausgebracht wurden.

Erkenntnis als Konstruktion – Scharnierstelle und Brückenpfeiler in der Theorieproduktion Luhmanns

In dieser Perspektive könnte die Bedeutung des Textes *Erkenntnis als Konstruktion* kaum überschätzt werden; er würde die Scharnierstelle zwischen den *Sozialen Systemen* und der *Gesellschaft der Gesellschaft* bzw. – in anderer Metaphorisierung – der Brückenpfeiler in der Gesamtkonstruktion der Systemtheorie von Luhmanns früherem zu seinem letzten Hauptwerk bilden. Die *Sozialen Systeme* legen den methodischen und theoretischen Grundstein der Systemtheorie, die *Gesellschaft der Gesellschaft* bringt ihre umfassende Entfaltung zum Ausdruck, indem die Gesellschaft sich in dieser Gesellschaftstheorie selbst noch einmal beobachtet; daher auch die mit einem Genitiv konstruierte Reflexionsfigur im Titel: *Gesellschaft der Gesellschaft.*

Man darf also die beiden Pole in der Entfaltung der Systemtheorie als Gesellschaftstheorie, wie sie mit diesen Hauptwerken gegeben sind, nicht auf Methode und Theorie verkürzen, vielmehr sind – und das ist das Kernelement der Systemtheorie – Theorie und Methode, also die erste Frage, was denn Gesellschaft ist, und die zweite Frage, wie sie denn wissenschaftlich erfasst werden kann, nur zwei Aspekte ein und derselben Sache. Doch wird erst mit *Erkenntnis als Konstruktion* der – wenn man will, kann man hier schon das Adjektiv setzen: konstruktivistische – Leitgedanke formuliert und im Titel als formelhaftes Prinzip gefasst.

Luhmann wird in *Erkenntnis als Konstruktion* mit dem konstruktivistischen Prinzip sehr kritisch verfahren und es dann auch durch seine eigene, systemtheoretische Adaption des Konstruktivismus ersetzen. Doch mag es zunächst hilfreich sein, sich noch einmal die vereinfachte konstruktivistische Grundidee zu vergegenwärtigen, wie sie in der Formel ›Erkenntnis als Konstruktion‹ zum Ausdruck kommt. Im Vergleich zu einer naiven Auffassung von Erkenntnis steckt eine gewisse Provokation darin, denn ihr zufolge soll Erkenntnis eben gerade keine Konstruktion, sondern bestenfalls eine Rekonstruktion sein; Erkenntnis soll ihren Gegenstand möglichst objektiv erfassen, und das heißt: sie soll von einem Objektcharakter ihres Gegenstandes ausgehen.

Das Prinzip ›Erkenntnis als Konstruktion‹ behauptet nun aber gerade, dass es einen solchen objektiven, das heißt von der Erkenntnis unabhängigen Gegenstand nicht gibt, sondern dass der Gegenstand der Erkenntnis erst im Akt des Erkennens konstruiert oder produziert wird – wie man aber gleich hinzufügen muss: *als* Gegenstand der Erkenntnis. Der Konstruktivismus lässt sich in diesem Zusammenhang auf eine idealistische Erkenntnistheorie zurückführen, wie sie insbesondere Immanuel Kant in seinem ersten kritischen Hauptwerk, der *Kritik der reinen Vernunft* (erste Fassung 1781, erweitere Fassung 1787), ausgeführt und als eine Kopernikanische Wende der Philosophie zugespitzt hat. Die Erkenntnis habe sich demnach nicht nach ihrem Gegenstand, sondern umgekehrt der Gegenstand sich nach seiner Erkenntnis zu richten. Alles, was man erkennen kann, kann man nur erkennen unter den konstitutiven Bedingungen des Erkenntnisapparates. Das »Ding an sich« ist Kants Begriff für die Annahme eines objektiven Gegenstandes. Ein objektiver Gegenstand – das klingt wie ein aufgeblasener Pleonasmus ohne zusätzlichen Informationsgehalt, meint aber einen Gegenstand unabhängig von der Art, wie er überhaupt als Gegenstand, also unabhängig von der Erkenntnis erfasst werden kann. Ein solches Ding an sich kann nicht erkannt werden. Erkenntnis funktioniert anders, eben konstruktiv.

Solche Überlegungen gehen Luhmanns Systemtheorie erkenntnistheoretisch und methodisch voraus. Denn Luhmann fragt, wie denn Gesellschaft überhaupt erkannt werden kann, wenn die Erkenntnis der Gesellschaft selbst in der Gesellschaft stattfindet, wenn es also für dieses Unterfangen keinen archimedischen Punkt außerhalb der Gesellschaft geben kann, von dem aus man ungestört und ohne störend einzugreifen beobachten kann. Eine Theorie der Gesellschaft ist daher eine Selbstbeschreibung der Gesellschaft. Die Erkenntnis der Gesellschaft muss also als Konstruktion begriffen und auch so konzeptualisiert werden. Und dafür formuliert *Erkenntnis als Konstruktion* die Grundlage, die dann spätestens ab 1990, als der erste Band aus der Reihe der Monographien zu den Funktionssystemen der Gesellschaft *Die Wissenschaft der Gesellschaft* erscheint, zum Leitprinzip jeder weiteren Entfaltung der Systemtheorie als Gesellschaftstheorie bis hin zum letzten Hauptwerk (und darüber hinaus) wird.

Bezeichnet man solches als »konstruktivistische Wende« der Systemtheorie, ist das richtig und greift doch zu kurz.[44] Denn das Prinzip ›Erkenntnis als Konstruktion‹ formuliert spätestens ab diesem Zeitpunkt nicht nur eine erkenntnistheoretische Grundlage der Systemtheorie als Gesellschaftstheorie, sondern zugleich ein Charakteristikum, ja eine konstitutive Struktur der modernen Gesellschaft in dieser Perspektive. Mit der Unterscheidung von System und Um-

44 Jensen 1999, S. 320.

welt erfasst die Systemtheorie ihren ›Gegenstand‹, das System. Und gleichzeitig ist, wie es im Text heißt, die »Unterscheidung von System und Umwelt [...] selbst eine erkenntnisleitende Operation« (S. 18). Oder zugespitzt gesagt: Man braucht nicht von einer Erkenntnistheorie der Systemtheorie zu sprechen, denn in der Systemtheorie fallen – auf der Metaebene der wissenschaftlichen Frage nach Erkenntnis und Gesellschaft bzw. Sozialsystem auf der Objektebene – Erkenntnistheorie und Gesellschaftstheorie zusammen.

Erkenntnis und Wissenschaft

Das wird insbesondere im Blick auf die Wissenschaft der Gesellschaft wichtig, da es Wissenschaft in der funktionalen Ausdifferenzierung der Gesellschaft mit Erkenntnis und mithin mit der Produktion respektive Konstruktion von Erkenntnis zu tun hat (das gilt nicht für die Philosophie, da sie kein eigenständiges soziales System darstellt, sondern bestenfalls eine Sonderformation von Wissenschaft ist). Und das – so könnte man den Kerngedanken der Systemtheorie als Gesellschaftstheorie nochmals anders formulieren – ist eine Aussage über Erkenntnis und ebenso über Gesellschaft schlechthin. So heißt es 1990 in *Die Wissenschaft der Gesellschaft*, wo Luhmann im Kontext einer Beschäftigung mit dem Konstruktivismus dieses Prinzip explizit anführt und damit gleichzeitig und programmatisch auf den Titel der Schrift aus dem Jahr 1988 anspielt:

> Sobald Wissenschaft beginnt, Erkenntnis als Konstruktion zu rekonstruieren, wird der Gesellschaft zugleich

deutlich gemacht, was ihr geschehen ist und weiterhin geschieht, wenn sie sich ein für Wissenschaft ausdifferenziertes Funktionssystem leistet.[45]

Dass das Buch *Die Wissenschaft der Gesellschaft* 1990 die Riege der großen Monographien zu den Funktionssystemen der Gesellschaft eröffnet, ist also nicht verwunderlich, denn erst in der Wissenschaft wird der Zusammenfall von Erkenntnistheorie und Gesellschaftstheorie operativ; insofern kann man den Text *Erkenntnis als Konstruktion* nicht nur als Stützpfeiler zwischen den Eckpunkt-Monographien, sondern auch als Sprungbrett in diese Riege der Funktionsmonographien hinein bezeichnen.

Im Text lässt sich bereits ein Hinweis finden, der über eine werkgenetische Antizipation hinausgeht. Schon bevor er Erkenntnis in oder mit einer Folge von Differenzen definiert, verweist er auf die Wissenschaft als Sozialsystem. In der letzten dieser Differenzen werden dann Erkenntnis und Sozialsystem enggeführt, weil beide mit demselben binären Code von wahr/unwahr (S. 23 f.) operieren. Ein Code erlaubt die operative Schließung eines sozialen Systems, insbesondere eines Funktionssystem, für das ein solcher Code konstitutiv ist, weil mit ihm immer entscheidbar bleibt, welche Operation systemspezifisch oder irrelevant für das System ist: Ob etwas Recht oder Unrecht ist, ist für die Wissenschaft irrelevant, nicht aber, ob etwas wahr oder falsch ist. Dass nun Luhmann schon 1988 den binären Code als konstitutiv für Erkenntnis ausgibt, zeigt erstens, dass Erkenntnis ebenso codiert wird wie Wissenschaft, dass also

45 Siehe hierzu Luhmann 1990, S. 701; s. a. Vogd 2012, S. 229.

zweitens Wissenschaft *durch* Erkenntnis codiert wird und dass drittens – und das deutet schon auf die Schlusspointe des Textes voraus – Erkenntnis eine genuin sozialsystemische Dimension hat, ja sozialsystemisch definiert werden muss.

Kritik an der falschen Radikalität des radikalen Konstruktivismus

Luhmanns Text *Erkenntnis als Interesse* beginnt mit einer Kritik an einer rhetorischen Figur, die er »Kommunikationstechnik für unbeweisbare oder schwer beweisbare Behauptungen« nennt, nämlich »die Behauptung kommunikativ zu verstärken« (S. 8). Er nennt eine Reihe von Beispielen, doch geht es ihm eigentlich um »die letzte Mode in der Erkenntnistheorie« – man beachte: Der Text stammt aus dem Jahr 1988, als der Konstruktivismus als theoretische und epistemologische Option tatsächlich Konjunktur hatte.

Mit der letzten Mode ist der »radikale Konstruktivismus« gemeint – und Luhmann hebt besonders auf die Auszeichnung als »radikal« ab. Im Sinne seiner Kritik wäre es demnach eine unbeweisbare oder schwer beweisbare Tatsache, dass der Konstruktivismus radikal sein könnte. Luhmann meldet Zweifel an, ob der Konstruktivismus, so wie er ihn vorfindet, überhaupt als radikal angesehen werden könnte. Denn dazu müsste er – so formuliert Luhmann als Bedingung – »(erstmals) das Problem der Erkenntnis« (S. 8) gelöst haben. Aus dem Zweifel erwächst ein Vorwurf: Der radikale Konstruktivismus ist gar nicht radikal oder wenigstens nicht radikal genug.

Dieser Befund steht in einem Spannungsverhältnis zu dem radikalen Konstruktivismus selbst. So hat der Kommunikationswissenschaftler Siegfried J. Schmidt in seiner umfassenden Einleitung zum Band *Radikaler Konstruktivismus* die Losung ausgegeben: »Konstruktivist kann man nur ›ganz‹, nur ›radikal‹ sein.«[46] Schmidt setzt sich damit gegen andere, nicht radikale Varianten des Konstruktivismus ab.

Diesen Radikalisierungsschritt beschreibt Luhmann als Übergang von ›obwohl‹ zu ›weil‹. Sehen wir uns den folgenden Satz an: »Erkenntnis ist möglich, obwohl sie keinen von ihr unabhängigen Zugang zur Realität hat« (S. 10). Wenn man in diesem Satz »obwohl« durch »weil« ersetzt, wird die Unmöglichkeit geradezu zur kausalen Voraussetzung, zur Bedingung der Möglichkeit von Erkenntnis. Das will Luhmann gar nicht in Frage stellen, er will aber wissen, wie das funktionieren kann.

Und dies bildet seine Ausgangsfrage, aus der sich seine Erkenntnistheorie der Systemtheorie, ja seine Systemtheorie als Erkenntnistheorie herleitet. Die Radikalität des radikalen Konstruktivismus erkennt Luhmann an; die Stoßrichtung gibt die entscheidende Frage vor. Doch ist die Stoßrichtung nach Luhmanns Meinung nicht radikal oder nicht radikal genug. Hinter der Überbietungsgeste des radikalen Konstruktivismus verbirgt sich für Luhmann vielmehr ein nicht eingelöstes Versprechen. Dieses Defizit unterstellt er schon einer idealistischen Position, wie sie Kant formuliert hatte, und ebenso dem radikalen Konstruktivismus. In der idealistischen Erkenntnistheorie wurde »die Frage der Einheit in der Differenz von Erkenntnis und Re-

46 Schmidt 1987, S. 40.

algegenstand« (S. 9) (das Kant'sche »Ding an sich«) wichtig. Im Zuge der Radikalisierungsgeste des radikalen Konstruktivismus wird deutlich, dass diese Frage auch von ihm, dem radikalen Konstruktivismus, nicht beantwortet worden ist.

Um also dieses Versprechen nun einzulösen und diese Frage zu beantworten, muss Luhmann diese Überbietungsgeste seinerseits überbieten. Dazu unternimmt er zwei vorbereitende Schritte:

Der erste Schritt besteht darin, das mit dieser Frage verbundene ontologische Problem beiseitezulassen. Gemeint ist damit, dass man annimmt, Erkenntnis und Erkenntnisgegenstand gehören nicht derselben ontologischen Kategorie an; sie haben einen unterschiedlichen Seinsstatus, oder noch einfacher: zu sagen »es gibt«, einmal bezogen auf Erkenntnis, das andere Mal bezogen auf den Gegenstand der Erkenntnis, bedeutet nicht dasselbe. Erkenntnis ist vielleicht kognitiv oder ideell und wird der idealistischen Sphäre zugeordnet, der Erkenntnisgegenstand ist real und wird der realistischen Sphäre zugeordnet. Für das erste wäre dann eine »Subjekttheorie«, für das zweite eine »Objekttheorie« der Erkenntnis zuständig (S. 11), Erkenntnis würde also vom erkennenden Subjekt oder vom erkannten Objekt ausgehen müssen. Für Kant und den nachfolgenden Idealismus, insbesondere bei Johann Gottlieb Fichte (1762–1814), bildet das Ich die Instanz der Erkenntnis, der transzendentalen Apperzeption und ist daher von einem anderen Status als das erkannte Objekt. Bei Kant heißt es: »Das: Ich denke, muß alle meine Vorstellungen begleiten können«, das wiederum meint die transzendentale Apperzeption: ein Denken, »daß ich bin«.[47]

Luhmann geht nun aber davon aus, dass der ontologische Status des erkennenden Systems kein anderer ist als der des erkannten Objekts: »Wir gehen davon aus, daß alle erkennenden Systeme reale Systeme in einer realen Umwelt sind, mit anderen Worten: daß es sie gibt.« (S. 14) An dieser Stelle greift er damit seinen berühmten, ersten Einleitungssatz des ersten Kapitels aus seinem früheren Hauptwerk *Soziale Systeme* auf: »Die folgenden Überlegungen gehen davon aus, dass es Systeme gibt.«[48] Und so charakterisiert er sein Vorgehen in *Erkenntnis als Konstruktion*: »Das ist naiv, so wird oft eingewandt. Aber wie anders als naiv soll man anfangen?« (S. 14) Die voraussetzungsreiche Provokation, die in einer solchen Annahme steckt, macht den Rückgriff besonders augenfällig und deutet zumindest in die Richtung, wie in *Erkenntnis als Konstruktion* die theoretischen und methodischen Grundlagen aus den *Sozialen Systemen* aufgegriffen und weiterentwickelt werden: Systemtheorie startet nicht mit der Konstruktion oder Projektion von Systemen, sondern mit der Annahme, dass Systeme eine Eigenwirklichkeit besitzen. Insofern sagt diese Annahme etwas über die Realität, aber auch gleichzeitig über die operative Vorgehensweise der Systemtheorie aus; Systemtheorie vollzieht damit das, von dem sie spricht: nämlich die Aufhebung der Differenz von Erkenntnis und Realität.

Der zweite Schritt nutzt diese Voraussetzung, um Erkenntnis so radikal wie möglich zu formalisieren und so

47 Kant Kant 2022, S. 186, 208; B 131, 157.
48 Luhmann 1984/1991, S. 30. Siehe dazu Nassehi 1992, S. 43–71.

abstrakt wie möglich zu konzipieren. Dazu sollte man sich noch einmal das Ausgangsproblem in seiner Logik vergegenwärtigen. Erkenntnis ist möglich und Erkenntnis ist Erkenntnis von etwas (so die beiden Prämissen), also muss es dieses Etwas (den Gegenstand der Erkenntnis) geben (das wäre die Conclusio). Oder in Luhmanns Worten:

> Die Frage lautete: wie kann die Erkenntnis einen Gegenstand außerhalb ihrer selbst feststellen? Oder: wie kann sie feststellen, daß etwas unabhängig von ihr existiert, wo doch alles, was immer sie feststellt, schon Erkenntnisleistungen voraussetzt und gar nicht unabhängig von Erkenntnis (das wäre ein Selbstwiderspruch) durch Erkenntnis feststellbar ist? (S. 9 f.)

Das führt zu einer Paradoxie: Der Gegenstand der Erkenntnis ist unabhängig von der Erkenntnis – und ist es eben nicht. Etwas komplexer ausgedrückt: Jede Feststellung der Unabhängigkeit des Erkenntnisgegenstandes von der Erkenntnis ist selbst eine Erkenntnisleistung, und genau das ist der Selbstwiderspruch, den Luhmann meint. Oder noch einmal anders gewendet: Erkenntnis ist abgeschlossen gegenüber einer Außenwelt und ist zugleich ihr gegenüber aufgeschlossen. Wie ist also Schließung und Offenheit zugleich möglich?

Luhmann beginnt zunächst mit dem ersten Teil der Frage – und im Grunde genommen zielt er damit auf den innersten Kern der Systemtheorie.

Erstes wesentliches Theorieelement, das Konzept des Systems

Man kann die auf diese Weise auf den Weg gebrachte Entfaltung der Systemtheorie nachvollziehen, wenn man sich die zwei wesentlichen Theorieelemente vergegenwärtigt, die Luhmann hier in Anschlag bringt und dann miteinander verbindet:

Zuerst soll an einen markanten Begriff erinnert werden, der gerade zitiert wurde: »Erkennende Systeme« seien reale Systeme, so Luhmann. Zunächst einmal ist die Formulierung »erkennendes System« ungewöhnlich und bringt schon den tatsächlich radikalen Neuansatz der Systemtheorie als Erkenntnistheorie zum Ausdruck. Man hätte eine Bezeichnung wie »erkennendes Subjekt« erwarten können – das wäre eine klassische, historisch genauer: eine idealistische Position der Erkenntnistheorie, wie sie Luhmann auch anspricht: Ein Subjekt erkennt ein Objekt, und die Positionen von Subjekt und Objekt werden erst durch die Relation, die als Erkenntnis charakterisiert wird, profiliert. Doch gilt es, gerade diese Position zu überwinden, und diese Überwindung kann nur radikal sein.

Luhmann macht einen radikalen Vorschlag, den er mit einer stillschweigenden, aber methodisch entscheidenden Vorannahme einleitet. Er spricht von dem Unterschied zwischen Subjekt und Objekt: Subjekt und Objekt werden also im Erkenntnisakt nicht allein profiliert, sondern sogar konstituiert, sie haben also keine substantielle (sondern, wie man sagen könnte, nur eine differentielle) Qualität (also eine Qualität, die nur daraus resultiert, dass sie in einer Differenz gefasst werden).

Bereits auf diese Weise entfernt sich Luhmann von einer Vorstellung, die das Subjekt mit dem Menschen identifiziert, als eines Menschen, der Mensch bleibt, auch wenn er gerade nichts erkennt. Das macht bereits einen Teil von Luhmanns Strategie der Abstraktion und Formalisierung aus: Das, was der Begriff ›Subjekt‹ bezeichnet, ist nur Teil eines Erkenntnisvorgangs. Die Ersetzung einer substantiellen durch eine rein differentielle Konstellation bildet den ersten Schritt, eine Voraussetzung, auf die der zweite, der eigentliche Radikalisierungsschritt folgt: »Wir schlagen daher vor, die Unterscheidung von ›Subjekt‹ und ›Objekt‹ zu ersetzen durch die Unterscheidung von ›System‹ und ›Umwelt‹.« (S. 12) Nun mutet die Ersetzung des Begriffs des Subjekts durch den des Systems nicht sonderlich radikal an, doch gilt es hier, genauer hinzuschauen. Das Bemerkenswerte erkennt man erst, wenn man auf die Gegenbegriffe blickt, denn ein Objekt ist nun genau das Gegenteil von Umwelt. Die Systemtheorie definiert ein System als Differenz von System und Umwelt. Das lässt sich jedoch für den Gegensatz (soll heißen: die Differenz) von Subjekt und Objekt gerade nicht behaupten. Denn ein Objekt (und für das Subjekt muss Analoges gelten) ist Objekt aus sich selbst, die Umwelt ist lediglich die andere, unbestimmte Seite, die Differenz zum System.

Hier zeigt sich ein ganz anderer Systembegriff, als man ihn auch aus anderen wissenschaftlichen Kontexten wie etwa aus dem Strukturalismus kennt. Dort kann der Begriff ›System‹ definiert werden als geordneter Komplex von Strukturen bzw., wie Luhmann es selbst ausdrückt, als »Zusammenhang« (S. 47).

Ein solcher Blick ins Innere des Systems ist der Systemtheorie fremd. Das System ist für die Systemtheorie nur durch die Differenz zu seiner Umwelt definiert. Damit wird die Frage nach seiner Schließung (was schließt das System von seiner Umwelt ab, was macht es von seiner Umwelt unterscheidbar?) jedoch überhaupt erst virulent – und eine Antwort auf diese Frage erst möglich. Da »kein System [...] außerhalb seiner eigenen Grenzen« (also jenseits seiner Außengrenze / seiner Abgrenzung) operieren kann, »auch ein erkennendes System nicht« (S. 15), kann es doch mit einer Außenseite des Systems operieren, sofern es diese Außenseite in sich selbst reproduziert. Konkret: Die Differenz von System und Umwelt kann im System reproduziert, kann somit in das System selbst hineinkopiert werden. Komplexität gewinnt ein solches System nicht durch ein komplexes Innenleben, sondern allein dadurch, dass das, was es ausmacht (System/Umwelt-Differenz) in sich selbst, also durch Rekursion, reproduziert wird. Das geschieht dadurch, »daß ein System eigene Operationen produziert und im Netzwerk ihrer rekursiven Vor- und Rückgriffe reproduziert« (S. 15).

Luhmann weist in diesem Zusammenhang darauf hin, dass der chilenische Biologe Humberto Maturana (1928–2021) ein solches systemisches Prozessieren als »Autopoiesis« (S. 15) bezeichnet hat. ›Autopoeisis‹ meint den Umstand, dass ein System sich selbst aus sich selbst und mittels seiner selbst reproduziert. Das Reflexivpronomen ›sich‹ macht deutlich: Das System muss mit sich selbst in sich selbst umgehen können. Das wird dadurch erreicht, dass das System (als System/Umwelt-Differenz) sich selbst als sich selbst (System/Umwelt-Differenz) in sich selbst reproduziert. Diese Vorstellung hat Maturana am Modell der lebenden Zelle entwickelt. Luhmann überträgt diese Idee auf eine allgemeine und eine spezielle soziologische Systemtheorie. Und damit ist schon eine erste Antwort auf die Frage gegeben, wie Schließung möglich ist. Und wenn man erklären kann, wie Schließung möglich ist, dann kann man auch erklären, wie Offenheit für die Umwelt und sogar wie beides zugleich, also Schließung und Umweltoffenheit, möglich ist.

Zweites wesentliches Theorieelement, das Konzept des Beobachters: Operation und Paradoxie

Zu diesem Systembegriff tritt als zweites Theorieelement das Konzept des Beobachters bzw. des Beobachtens hinzu. Man könnte vielleicht sogar sagen, dass die entscheidende Ersetzung, die Luhmann vornimmt, nicht die des Begriffs des Subjekts durch den des Systems, sondern der des Erkennens durch den der Beobachtung ist. »Erkenntnis wird demnach durch Operationen des Beobachtens und des Aufzeichnens von Beobachten (Beschreiben) angefertigt« (S. 16). So lautet die Beschreibung auf der Objektebene; auf der Metaebene ist Erkenntnistheorie »Beobachten und Beschreiben von Systemen, die ihr Beobachten beobachten« (S. 24). Beobachten heißt in einer einfachen Dimension, etwas von etwas zu unterscheiden und das Unterschiedene dann auch zu bezeichnen: dies und nicht etwas anderes. Oder in Luhmanns Worten: »Beobachten findet immer dann statt, wenn etwas unterschieden und, in Abhängigkeit von der Unterscheidung, bezeichnet wird« (S. 16). Alles, was ist und was erkannt werden kann, ist und wird erkannt, indem es beobachtet wird, was bedeutet, dass es unterschieden wird von dem, was nicht beobachtet wird, indem es (und nichts anderes) bezeichnet wird.

Soweit ist diese Definition noch recht eingängig. Um dieses Konzept weiterzuentwickeln und zu profilieren, kommen bei Luhmann mit »Operation«, »Paradoxie« und »Form« drei weitere Begriffe ins Spiel. Diese Begriffe hängen eng miteinander zusammen und zeigen die Qualität dieser neuartigen Konzeption von Erkenntnis.

Beobachten ist eine Operation (S. 24). In dieser Operation wird etwas von etwas anderem, besser gesagt: von allem anderen unterschieden. Sofort kommt ein zweiter Schritt hinzu, nämlich dass das, was man unterschieden hat von allem anderen, auch bezeichnet wird. Die Operation *unterscheidet* zwischen *Unterscheiden* und Bezeichnen, ist eine »einheitliche, aber zweikomponentige Operation« (S. 32). Jedoch ist der Unterschied, den die Operation *macht*, nicht der Unterschied, der die Operation *ist*. Die Beobachtung kann nicht die eigene Unterscheidung unterscheiden, oder anders gesagt: Beobachtung kann sich nicht selbst beobachten: »Auch Beobachten ist Operieren und als solches unfähig, sich selbst zu unterscheiden« (S. 23). Das eigene Beobachten ist für die Beobachtung in ihrem Akt der blinde Fleck, und gerade der blinde Fleck ist konstitutiv für Beobachtung: Blindheit als Voraussetzung des Sehens. Damit ist »Beobachten [...] eine paradoxe Operation. [...] Und sie beruht auf der Unterscheidung von Unterscheidung und Bezeichnung, aktualisiert also eine Unterscheidung, die in sich selbst wiedervorkommt.«[49]

49 Luhmann 1990, S. 95.

Beobachten heißt Unterscheiden, und dem Unterscheiden ist das Paradox schon a priori mitgegeben.[50] Das Paradox scheint auf, wenn man fragt, *was* denn die Beobachtung dann ihrerseits sei. Eine solche Was-Frage müsste also zugleich etwas und sich unterscheiden, und das ist nicht möglich. Der französische Phänomenologie Maurice Merleau-Ponty (1908–1961) hat auf ähnliche Weise das menschliche Bewusstsein prägnant beschrieben: »Was es [das Bewusstsein] nicht sieht, sieht es aus prinzipiellen Gründen nicht, weil es Bewusstsein ist.«[51] Ein Bogen zu Luhmann lässt sich leicht schlagen, indem man das Bewusstsein als beobachtendes psychisches System identifiziert. Oder anders mit einer Augenmetapher gewendet: Das Auge kann alles sehen, nur sein Sehen nicht, und eben deswegen sieht es. Die Paradoxie besteht also in diesem unmöglichen Selbstsehen des Auges.

Genau an diesem Punkt lässt sich der veränderte Umgang mit der Paradoxie durch eine konstruktivistische Systemtheorie erkennen, denn die Systemtheorie macht deutlich, dass nicht nur jeder Beobachtung eine Paradoxie zugrunde liegt, sondern auch, dass es gerade die Paradoxie ist, die jene Beobachtung ermöglicht, die aus der Paradoxie herausführt:

> Damit ist zugleich alles, was überhaupt beobachtet oder nicht beobachtet wird, auf eine Paradoxie gegründet und zugleich angegeben, welche Unterscheidung aus dieser

50 Luhmann 1991, S. 62.
51 Merleau-Ponty 1986, S. 313

Paradoxie herausführt, nämlich die Unterscheidung von Operation und Beobachtung.[52]

Denn das bedeutet nichts anderes, als dass die Beobachtung sich *nicht selbst beobachten* kann, wohl aber durchaus *beobachtet werden* kann; für eine zweite Beobachtung wird sie als Operation beobachtbar. Die Frage nach der Möglichkeit von Beobachtung durch die Beobachtung wurde also durch die Beobachtung zweiter Ordnung beantwortet. Die Paradoxie zwingt also zur Beobachtung der Beobachtung, also zu einer Beobachtung zweiter Ordnung, und konstituiert damit einen Prozess. Entparadoxierung ist immer schon Prozessualisierung!

Die epistemologischen Auswirkungen, zumal dann, wenn man die Implikationen des Begriffs der Beobachtung (›Theorie‹: aus altgriechisch *theoréein* ›beobachten, betrachten, [an]schauen‹) für wissenschaftliche Theoriebildungen in Rechnung stellt, können kaum überschätzt werden. Die Paradoxie stellt dann kein erkenntnistheoretisches und logisches Skandalon mehr dar, ist keine Aporie der Theorie(bildung), sondern ihr produktives Moment, das Moment, aus dem sie erst hervorgeht. Erst die Paradoxie macht es möglich, dass die Resultate der Operationen zur Grundlage und zum Gegenstand neuer Operationen werden, ja, dass überhaupt ein solcher Prozess in Gang kommen und bleiben kann, wie Luhmann es ausdrückt:

> An die Stelle der für das System unsichtbaren, weil paradoxen Einheit tritt die Rekursivität, die Führung der

52 Luhmann 1993b, S. 198.

> Operationen durch die Resultate der Operationen oder, auf der Ebene des Beobachtens, die Führung des Beobachtens durch die Resultate des Beobachtens.[53]

Im Grunde genommen ist Beobachten pure Autopoiesis.

Form und Medium

Um sie sich in ihrem vollen Umfang zu vergegenwärtigen, lohnt es sich, so abstrakt (oder auch: »naiv«, wie Luhmann sagt) zu beginnen. Dabei zeigt sich, dass die Einfachheit der Abstraktheit zugleich die Komplexität dieser Konzeption von Beobachtung und mithin auch ihren paradoxalen Charakter herausstellt, der allerdings ganz neu bewertet wird.

Bei diesem Unterfangen hilft Luhmann das logische Formenkalkül, das der britische Mathematiker George Spencer Brown in seinen *Laws of Form* (1969) entwickelt hat. Die Form entsteht durch den Befehl: »draw a distinction!«, also: unterscheide, mach einen Unterschied, »triff eine Unterscheidung!«[54] Man muss sich also ein völlig homogenes Universum vorstellen, in dem es nicht etwas gibt, oder anders gewendet: in dem also das, was ist, nicht von dem, was nicht ist, das Sein nicht vom Nichts unterschieden werden kann, das Sein und das Nichts mithin ineinander fallen. Diese Tatsache deutet Luhmann nur kurz mit seinem Verweis auf Hegels Logik an, die »einer besonderen Betrachtung« bedürfte (S. 28).

53 Luhmann 1991, S. 61.
54 Spencer-Brown 1979/1997, S. 3.

Maren Lehmann macht in diesem Zusammenhang zu Recht darauf aufmerksam, dass ein solcher Anfang nicht so naiv, wie Luhmann vorgibt, sondern selbst schon voraussetzungsbeladen ist, denn noch bevor der Befehl vollzogen werden kann, ist schon der Befehl (also bereits eine vorgängige Unterscheidung) in der Welt, in diesem Universum; die Setzung eines absoluten Anfangs unterläuft sich selbst: »der Anfang war kein Anfang, sondern eine Ironie«[55].

Versuchen wir es dennoch, uns diesen ›absoluten‹, ›ersten‹ Anfang etwas anschaulicher zu machen, indem wir uns zum Beispiel dieses Universum als ein Blatt Papier vorstellen, auf dem nun eine Linie eingezeichnet wird (diese Aktion kommt mit dem englischen »draw« gut zum Ausdruck), so dass man hinterher zwei Seiten diesseits und jenseits der Linie, also eine Unterscheidung hat. Luhmann nutzt noch eine andere Metapher: Unterscheiden sei eine »Grenzziehung«, die einen »Schnitt durch die Welt [...] erzeugt« (S. 19).

Nun könnte man sich vorstellen, dass diese Linie das Blatt nicht exakt mittig durchtrennt, sondern vielleicht einen Kreis darstellt, so dass man eine Innenseite des Kreises von seiner Außenseite unterscheiden kann, was den Begriff der Form anschaulich machen würde. Auf dem Blatt ist eine Form zu erkennen. Die entscheidende Frage lautet: Angenommen, dass Unterscheiden eine Form darstellt – Was ist dann die Form der Form? Luhmann antwortet: Die Form der Form ist »eine Unterscheidung und damit eine Bedingung der Möglichkeit von Beobachtung«.[56] Diese Antwort

55 Lehmann 2003, S. 50.
56 Luhmann 1993b, S. 198.

ist allerdings voraussetzungsreich, weil sie den Begriff der Form nochmals in einen anderem Kontext verwendet und neu definiert, aber so, dass die neue Definition den alten Formbegriff nicht durch einen anderen ersetzt, sondern die vorgängige Definition von Form ergänzt und erweitert. Form ist nicht nur das Resultat einer Unterscheidung, sondern steht selbst in Differenz zu einem anderen Begriff, nämlich zum Begriff des Mediums. Den sehr spezifischen Begriff des Mediums wiederum übernimmt Luhmann von Fritz Heider (1896–1988), einem österreichischen Psychologen, der die Differenz von *Ding und Medium* schon in einem (gleichnamigen) Aufsatz aus dem Jahr 1921 eingeführt hatte.[57]

Luhmann unterscheidet (!) seinerseits die Form vom Medium und beschreibt diese Unterscheidung als Unterscheidung zwischen Elementen mit fester bzw. loser Kopplung: »Das lose gekoppelte Substrat dient als Medium, das fest gekoppelte dient als Form« (S. 34). Mithilfe dieser Konzeption kann er die Paradoxie der Beobachtung und gleichzeitig auch den Lösungsweg aus dieser Paradoxie heraus verdeutlichen.[58] So wird gerade beobachtbar, wie aus der Ausgangsparadoxie aus Formen im Medium immer neue Formen entstehen. Das ursprüngliche Problem bestand darin, dass Beobachtung unterscheidet, aber sich selbst nicht unterscheiden kann. Dieses Ausgangsproblem lässt sich in die Medium/Form-Differenz übersetzen.

Diese hochabstrakten Überlegungen kann ein Vergleich anschaulich machen: Man stelle sich Griesbrei vor – das sei

57 Heider 1999, S. 319–333.
58 Luhmann 1990, S. 52.

das Medium. Das Medium besteht aus locker gekoppelten Formen aus gekochten Grieskörnern – Luhmann spricht tatsächlich selbst von der »Körnigkeit« des Mediums (S. 35). Nun mag es passieren, dass sich beim Kochen Klumpen bilden. Die Elemente des Mediums werden fester aneinandergekoppelt, die Grieskörner kleben aneinander und bilden eine Form, die man *im* Griesbrei beobachten kann, mit dem Ergebnis: Der Griesklumpen ist Griesbrei und ist es eben doch auch gerade nicht. Das ist eine Paradoxie, und die Medium/Form-Differenz macht diese Paradoxie anschaulich.

Und genauso verhält es sich mit der Beobachtung. Die Beobachtung ist Unterscheidung, aber eben nicht die Unterscheidung, die sie selbst trifft. Aus jeder Beobachtung kann eine neue Beobachtung hervorgehen, auf Operation folgt eine neue Operation. So aber wird gerade beobachtbar, wie aus der Ausgangsparadoxie aus Formen im Medium immer neue Formen entstehen – und das ist die eigentliche Antwort auf die Frage nach der Form der Form. Das Medium selbst ist unbeobachtbar, nur die Formen im Medium sind beobachtbar. Insofern verhält es sich mit dem Medium wie mit dem Sinn: Aus Sinn wird ein Supermedium, in dem alle möglichen Formbildungen selbst noch einmal abgebildet werden können. Sinn als Form und Sinn als Medium.

Systemtheorie als Theologie

Bemerkenswert an dem Aufsatz *Erkenntnis als Konstruktion* ist, dass Luhmann sich nicht nur der Paradoxie des Beobachtens und der Lösung des Problems durch die Unterscheidung der Beobachtung von der Operation, die die Beobachtung selbst ist, widmet (das wird dann für alle erkenntnistheoretischen Überlegungen, insbesondere in den großen Monographien zu den Funktionssystemen der Gesellschaft, wo diese Konzeption immer wieder neu aufgegriffen wird, bedeutsam werden), sondern insbesondere auch auf den Ursprung oder – in der anderen Richtung – auf den Letzthorizont der Paradoxie der Beobachtung eingeht. Wenn man danach fragt, wo alle Differenzen beginnen oder aufhören, dann stößt man auf Phänomene, die von der Theorie selbst nicht mehr eingeholt werden können und die daher eigentümlich theologisch klingen. Anfang und Ende – gerade diese Markierungen sind für die Systemtheorie ihrerseits blinde Flecken.[59] Man hat der Systemtheorie – in einem theoretischen Missverständnis – vorgeworfen, sie sei antihumanistisch. Das ist falsch, denn nur weil sie den Menschen nicht zum theoretischen Gegenstand wählt (damit aber den Menschen als Realität und als Idee keineswegs leugnet), ist sie nicht antihumanistisch. Dass sie aber gerade Anfang und Ende, die als existentielle oder gar humane Kategorien große Bedeutung haben, ausblendet, mag diesen Eindruck noch zusätzlich verstärken – falsch bleibt der Vorwurf dennoch.

Anfang und Ende: Die Theorie selbst ruft eine Vorstellung eines atheoretischen Ursprungs und Endpunktes von Theorie hervor: Was war am Anfang, bevor irgendetwas geschaffen und differenziert wurde? Was steht am Ende aller Differenzierungen? Die Antwort ›Gott‹ liegt nahe. Insofern kann Luhmann festhalten, dass der »Partner für den radika-

59 Vgl. Schulte 1993.

len Konstruktivismus [...] nicht die Erkenntnistheorie der Tradition, sondern ihre Theologie« (S. 30) ist, und das bedeutet nichts anderes, als dass eine Erkenntnistheorie, die nun tatsächlich radikal konstruktivistisch ist, auch theologisch sein muss, und dies bedeutet wiederum, dass sie einen Begriff von Gott braucht.

Tatsächlich liefert der Text *Erkenntnis als Konstruktion* eine ausführliche Definition des Begriffs ›Gott‹:

> Gott steht jenseits aller Unterscheidungen, selbst jenseits der Unterscheidungen von Unterscheidungen und der von Unterschiedenheit und Nichtunterschiedenheit. Er ist das non-aliud, das, was nicht anders ist als etwas anderes. In ihm fällt alles, was das Unterscheiden transzendiert, insofern, als es das tut, zusammen (S. 28).

Die zentrale Frage dabei ist, wie Gott alles beobachten und zudem auch noch sein eigenes Beobachten beobachten kann. Wie kann man einen Begriff von Gott – beobachtungstechnisch – entwickeln, ohne Gott »Selbstbeobachtungsunfähigkeit« (S. 29) zuschreiben zu müssen? Luhmann geht das Problem historisch an:

> Man sieht dann leicht, daß man das Unterscheiden der Unterscheidungen, mit denen die Beobachter arbeiten und die im Beobachten der Beobachter zu beobachten sind, noch zu unterscheiden hat von dem Nichtunterschiedenen, das damals *Gott* hieß und heute, wenn man System und Umwelt unterscheidet, *Welt*, und wenn man Gegenstand und Erkenntnis unterscheidet, *Realität*. (S. 30)

Gerade diese begriffliche Ersetzung bzw. Substitution kann eine Ahnung davon vermitteln, auf was Luhmann mit dieser theologischen Reflexion abzielt. Damals Gott, heute Welt – das bezeichnet nicht nur einen historischen, sondern eben auch einen konzeptionellen Wechsel. Am Begriff ›Welt‹ lässt sich durchspielen, was es mit der sich selbst in Frage stellenden Begriffsarchitektur auf sich hat. In Luhmanns *Sozialen Systemen* heißt es: »Welt ist ein differenzloser Letztbegriff.«[60] Zu dieser Reihe müsste man dann vor allem auch noch den Begriff ›Sinn‹ als »Grundbegriff«[61] rechnen, an dem man diesen Letzthorizont der Unterscheidung schön demonstrieren kann. Sinn kann nicht unterschieden werden, denn man müsste ihn von etwas unterscheiden, was selbst nicht Sinn ist, doch ist die Differenz zu Sinn selbst wieder Sinn: »Sinn ist also eine unnegierbare, eine differenzlose Kategorie.«[62] Wenn man Sinn negiert, erhält man nicht Nichtsinn oder Unsinn (wie dies der Philosoph Ludwig Wittgenstein, 1889–1951, in seinem *Tractatus Logico-Philosophicus* (1921) ausgedrückt hat[63]), sondern nur wieder Sinn. Mit anderen Worten: Hat man Sinnhaftes hinter sich gelassen und blickt nur auf Sinn, hören alle Differenzierungen deshalb auf, weil sie von dort aus auch ihren Ausgang nehmen. Sinn (so verstanden) kann man auch nicht beobachten, denn dazu müsste man ihn ja von dem unterscheiden können, was nicht Sinn wäre.

60 Luhmann 1984, S. 283.
61 Schützeichel 2003.
62 Luhmann 1984, S. 96.
63 »Meine Sätze erläutern dadurch, daß sie der, welcher mich versteht, am Ende als unsinnig erkennt, wenn er durch sie – auf ihnen – über sie hinausgestiegen ist.« (Wittgenstein 2022, S. 102.)

Unter diesen Vorzeichen kann man auch den Charakter dieser theologischen Überlegungen besser durchschauen. Es geht nicht darum, in einer »visio dei« die wahre Natur Gottes zu schauen, sondern vielmehr darum, den begrifflichen Ort zu bestimmen, an dem der Begriff ›Gott‹ auftritt. Das meint Luhmann mit einer »Theologie, die wegen ihrer Ansprüche an Genauigkeit über das hinausging, was die Theologie verkraften konnte« (S. 30) – man könnte in diesem Zusammenhang an Stelle von »Genauigkeit« auch vom ›Abstraktionsgrad‹ sprechen. Gott ist daher nicht der Name für einen Glaubensinhalt, sondern für einen unauflöslichen Widerspruch, eine begriffliche Aporie, die dort spürbar wird, wo Gott droht, »in die Nähe des Teufels als dem kühnsten Beobachter Gottes zu geraten« (S. 29). Gott ist eine unmögliche Beobachtung!

Gott als ein Superbeobachter? Gott, der alles beobachtet und als Teufel sich auch noch selbst im Akt der Beobachtung beobachtet? Gerade an der Frageform zeigt sich, warum Luhmann diese Exkursion in die Theologie unternimmt. Denn ex negativo werden damit doch positive Effekte auf eine Erkenntnistheorie der Systemtheorie beschrieben, wie sie vor allem am Begriff des Beobachters festzumachen sind. Zunächst muss man festhalten (und darauf beruht ja die Einsetzungsprobe, Gott als einen solch herausragenden Beobachter zu reflektieren), dass alles Beobachten immer einem Beobachter zugerechnet werden muss. Dass Gott dieser Superbeobachter ist, der sein eigenes Beobachten im Akt der Beobachtung selbst noch einmal beobachten kann, der also von der konstitutiven Paradoxie des Beobachtens selbst nicht betroffen wäre, ein Beobachter ohne blinden Fleck, liegt nicht in der Idee Gottes, sondern an der Zurechnung.

Gott ist keine Instanz, sondern ein Prozess, zu dem logisch kein Anfang oder Ende gedacht werden kann.

Autopoiesis von Bewusstsein und Kommunikation

Die Frage, wer beobachtet, wird von der Paradoxie der Beobachtung eingeholt und fällt mit der Frage, wie beobachtet wird, zusammen. Einen Beobachter kann man sich vor diesem Hintergrund eben nicht als Person (oder als Instanz) vorstellen, sondern man muss den Beobachter eher als einen Prozess begreifen (oder selbst wiederum beobachten): »Alles Unterscheiden […] ist Leistung eines Beobachters (denn wir definieren Beobachten als unterscheidendes Bezeichnen)« (S. 23). Beobachten ist ein Prozess fortgesetzter Differenzierung, also kommt als Beobachter nur das in Frage, was selbst ein Prozess fortgesetzter Differenzierung ist, also ein System, genauer gesagt: ein operativ geschlossenes System, und noch genauer gesagt: ein autopoietisches System. Kurz: Autopoiesis ist die Antwort auf die Frage nach der operativen Schließung. Denn ein autopoietisches System reproduziert sich mit den Elementen in den Elementen, aus denen es besteht. Es *ist* sein eigener Prozess. Und insofern ließe sich die Definition auch auf die Paradoxie beziehen: Autopoiesis ist prozessuale Entparadoxierung.

An dieser Stelle treffen nun die beiden Enden der Überlegungen zusammen. Denn umgekehrt gilt auch: Die Paradoxie der Beobachtung zu entfalten wird zur Hauptaufgabe der (Systemtheorie als) Erkenntnistheorie. Die Paradoxie besteht darin, dass Systeme operativ geschlossen sein können und dennoch Erkenntnis als Erkenntnis von etwas, das nicht selbst das System ist, ermöglichen. Die Frage, wer oder was also ein Beobachter ist und nur sein kann, wird beantwortet durch: ein autopoietisches System. Das heißt: Nur autopoietische Systeme können beobachten. Autopoietische Systeme sind »erkennende Systeme« (S. 33) – und genau darin liegt die Pointe. Dieser Begriff von Autopoiesis wird im Text verwendet, noch bevor die autopoietische Grundlage dieses spezifischen und spezifisch komplexen Systembegriffs erläutert wird.

An dieser Stelle spricht Luhmann vorläufig nur von »hinreichend komplexe[n] Systeme [n]« – und »nur [von] solche[n]« (S. 32). Doch gilt es, hier genauer hinzuschauen. Denn im Luhmann'schen Sinne kann es nur zwei dieser Systeme geben, nämlich Bewusstsein und Kommunikation, nur diese beiden Systeme erfüllen die notwendige prozessuale Dynamik und Komplexität, um von Autopoiesis sprechen zu können.

Da Luhmann von sozialen Systemen, also von Kommunikation, ausgeht, fragt er – so der Titel eines wichtigen Aufsatzes –: »Wie ist Bewußtsein an der Kommunikation beteiligt?«[64] Die Antwort darauf liefert das Konzept der strukturellen Kopplung. Das Konzept wird auch für nicht auf Bewusstsein und Kommunikation eingeschränkte Kopplungen verwendet und bisweilen auch mit dem Begriff der Interpenetration von Systemen (Systeme stellen ihre eigene Komplexität wechselseitig zur Komplexitätssteigerung – jedes dem jeweils anderen System – zur Verfügung) verwendet. Strenggenommen müsste man die strukturelle Kopplung von Bewusstsein und Kommunikation als einzig

64 Luhmann 1988a, S. 884–905. Repr. in: Luhmann 2001, S. 111–136.

mögliche ansehen, weil nur hier zwei autopietische Systeme sich wechselseitig in ihrem jeweiligen Prozess voraussetzen:[65] Kommunikation reproduziert sich aus sich selbst (in immer neuen Kommunikationsakten oder Äußerungen) und ebenso Bewusstsein (in immer neuen Bewusstseinsakten oder Gedanken). Kommunikation ist der Name für jedes Sozialsystem, oder eher: für das Sozialsystem an sich, Bewusstsein für jedes psychische System, also für das psychische System an sich (damit das psychische System nicht mit einem individuellen Bewusstsein verwechselt wird). Diese Systeme sind beobachtende Systeme, sie unterscheiden sich (Selbstreferenz) von ihrer Umwelt (Fremdreferenz) und nutzen diese Differenz für weitere Differenzierungen in dem Prozess, der sie selbst sind.

Am Ende seines Aufsatzes wendet sich Luhmann gegen die These, die auch von Maturana nahegelegt wird, dass Kommunikation und/oder Bewusstsein mittels Sprache beobachten (S. 45). Das würde Kommunikation und Bewusstsein parallelisieren. Indem sich Luhmann gegen diese Vorstellung wendet, wendet er sich zugleich gegen *diese* Vorstellung von Sprache und – positiv gewendet – erläutert zugleich den je eigenen Charakter von Kommunikation hier und Bewusstsein dort als autopoietischen Systemen, denn mit einer solchen Vorstellung von Sprache

> verdeckt man sich jedoch ein Problem. Denn die Erkenntnisoperationen sind je nach der Art des Systems, das sie durchführt, völlig verschieden. Man muß zwischen psychischen und sozialen Systemen, zwischen aktuell ope-

65 Jahraus 2001, S. 23–47; Jahraus 2012, S. 121–123.

rierendem Bewußtsein und Kommunikation unterscheiden. Beide können Sprache benutzen, zur Artikulation des Denkens ebenso wie zur Artikulation von Kommunikation (S. 45).

Sein Fazit lautet:

> Man kann also Sprache einerseits nicht ignorieren, und darf ihre Tragweite auf keinen Fall unterschätzen. Sie ist aber andererseits auch nicht das System, das die Konstruktion der Erkenntnis als Realoperation ermöglicht. [...] Dennoch spricht die Sprache nicht selber. (S. 45, 47)

Man beachte, dass in diesem Zitat der Titel des Textes in umgedrehter Reihenfolge wieder auftaucht: »Konstruktion der Erkenntnis«. Kurz gefasst: Sprache ist – in diesem systemtheoretischen Sinne (unter linguistischen Vorzeichen mag man das anders beurteilen bzw. einen anderen Systembegriff verwenden) – kein System, kann daher nicht operieren und mithin nicht beobachten.

Wenn aber nun Beobachten auf einer System/Umwelt-Differenzierung beruht, Beobachten eine Operation autopoietischer Systeme, also von Kommunikation und/oder Bewusstsein ist, dann können, ja müssen sich autopoietische Systeme auch wechselseitig beobachten; sie unterscheiden sich in dem Prozess, der sie jeweils selbst sind, von dem anderen System als ihrer Umwelt. So wird in beiden Systemen die System/Umwelt-Differenz, also die Kommunikation/Bewusstsein-Differenz, verwendet und für den je eigenen »Komplexitätsgewinn« (S. 47) genutzt.

Beide Systeme – und nur diese beiden Systeme – operieren »sinnhaft« (S. 32).[66] Sie weisen sich durch eine je spezifische »Eigenzeit« (S. 32) aus. Wo Luhmann zuvor mit Blick auf »die Ausdifferenzierung eines erkennenden Systems« von »Zuständen« spricht, »die zwar gleichzeitig, aber nicht mehr rhythmisch-synchron zur Umwelt geordnet sind« (S. 34), kann man genau dann diese rhythmische Synchronisation annehmen, wenn man als Umwelt ein anderes erkennendes System, also für Kommunikation Bewusstsein oder umgekehrt, annimmt. Es gilt: Autopoietische Systeme sind erkennende Systeme. So wird der eingangs eingeführte Begriff des erkennenden Systems entfaltet. Und erkennende Systeme sind: Bewusstsein und Kommunikation. Oder anders ausgedrückt: Auf diese Weise wird Systemtheorie als Erkenntnistheorie entfaltet.

Beide erkennenden, autopoietischen Systeme sind für diesen Komplexitätsgewinn wechselseitig und mithin konstitutiv aufeinander angewiesen. Solche komplexen Systeme hängen nämlich nicht irgendwie zusammen; der Begriff »Zusammenhang« (S. 47) verfehlt gerade diese Wechselseitigkeit. Insofern kann man diese Systeme auch »nicht mehr als besondere Objekte« ansehen (S. 47); vielmehr muss man von einer »strukturellen Kopplung psychischer und sozialer Systeme« (S. 47) ausgehen.[67] Strukturelle Kopplung besagt in diesem Kontext, dass Beobachtung eine komplexe systemische Errungenschaft darstellt, dass Erkenntnis kein ausgezeichneter Modus von Weltwahr-

66 Ebd.

67 Siehe auch Luhmann 1988a, S. 884–905, hier S. 891; Repr. in: Luhmann 2001, S. 111–136, hier S. 117.

nehmung ist, sondern vielmehr eine Prozesseigenschaft, die nur durch ihre Komplexität ausgezeichnet ist. Erkenntnis ist ein prozessuales Geschehen. Und damit hat Luhmann alle Argumente zusammengetragen, um seine Schlusspointe zu setzen.

Die gesellschaftliche Dimension von Erkenntnis

Rekapitulieren wir: Luhmann beginnt seinen Text mit einer rhetorischen Kritik am Epitheton ›radikal‹ des radikalen Konstruktivismus und schlägt als echte radikale Überbietung vor, die Subjekt/Objekt-Differenz durch die System/Umwelt-Differenz zu ersetzen. Dieser Vorschlag läuft schließlich darauf hinaus, Erkenntnistheorie und Gesellschaftstheorie ineinanderfallen zu lassen. Erkenntnis kann weder auf ein erkennendes Subjekt (S. 11) noch auf eine erkannte Realität (S. 18) zurückgerechnet werden. Erkenntnis kann nicht daraufhin überprüft werden, ob sie dem Erkennenden oder dem Erkannten, weder dem Subjekt noch der Realität entspricht. Eine solche Korrespondenztheorie der Erkenntnis – Luhmann nennt als weitere Begriffe, die in dieselbe Kerbe schlagen, etwa »Korrespondenz«: »assimilatio«, »Repräsentation«, »Anpassung« (S. 44) – kommt so nicht mehr in Frage, »denn alles, was der Erkenntnis entspricht, ist abhängig von Unterscheidungen, innerhalb derer sie etwas als dies und nicht das bezeichnet« (S. 17). Das Beobachterkonzept der Systemtheorie lässt die Unterscheidung zwischen idealistischen oder realistischen Erkenntnistheorien weit hinter sich. Doch es lässt auch den Konstruktivismus hinter sich zurück und entlarvt dessen radikalen Anspruch als Schein. Ein »Erkenntnistheoretiker« systemtheoretischer Provenienz beobachtet keine Ratte im Labyrinth, um an deren Verhalten Erkenntnisoperationen zu studieren, sondern er ist, wie Luhmann es prägnant ausdrückt, »selbst die Ratte im Labyrinth und muß reflektieren, von welchem Platz aus er die anderen Ratten beobachtet« (S. 25). Systemtheorie vollzieht Gesellschaft mit, indem sie Gesellschaft beobachtet: »Wie immer man den Gegenstand [Gesellschaft] definieren will: die Definition selbst ist schon eine Operation des Gegenstandes.«[68] Erkenntnis der Gesellschaft ist Vollzug der erkannten Gesellschaft. Natürlich kann man Erkenntnis so konzipieren, als ob es einen externen Beobachter gäbe. Doch würde dies »sich mit einem soziologischen Begriff der Erkenntnis« ändern, »denn es gibt nur eine Gesellschaft, nur ein umfassendes System der Autopoiesis von Kommunikation« (S. 25). Auf diese Weise wird unmittelbar von Anfang an die Schlusspointe des gesamten Textes vorbereitet: »Erst die Soziologie der Erkenntnis ermöglicht einen radikalen, sich selbst einschließenden Konstruktivismus« (S. 25); und nichts anderes meint das Ineinanderfallen von Systemtheorie und Erkenntnistheorie.

Am Ende des Textes wird diese Radikalität klar ausgesprochen und damit die eigentliche Radikalität eines radikalen Konstruktivismus eingelöst. Sie besteht in der fundamentalen These, dass Erkenntnis keine irgendwie geartete subjektive oder gar kognitive Leistung, sondern ein *fait social*, dass Erkenntnis das Ergebnis einer sozialsystemischen Operation darstellt, die ihrerseits auf operativer Schließung

68 Luhmann 1997, S. 16.

beruht: »Für die Erkenntnistheorie führt sie zu der radikal konstruktivistischen These, daß Erkenntnis nur möglich ist, wenn und weil sich Systeme auf der Ebene ihres Unterscheidens und Bezeichnens operativ schließen« (S. 48). Weil Erkenntnis schlechterdings sozial ist, fallen Erkenntnistheorie und Systemtheorie bzw. eine Systemtheorie der Gesellschaft ineinander. Erkenntnis ist deshalb sozial, weil sie eine soziale Konstruktion ist. Und sie ist deshalb Konstruktion, weil sie eine soziale Operation ist, die immer nur das hervorbringen kann, was selbst nur sozial ist bzw. als Soziales beobachtet werden kann. Erkenntnis ist immer auch gesellschaftliche Erkenntnis, gesellschaftliche Erkenntnis ist immer auch Erkenntnis der Gesellschaft.

Darin besteht die eigentlich radikale Überbietung und somit auch Verabschiedung des radikalen Konstruktivismus. Die historische Pointe besteht darin, dass Luhmann solches zur Hochzeit in der Konjunktur des radikalen Konstruktivismus formuliert. Die systematische Pointe besteht darin, dass Gegenstand, Theorie und Methode nur unterschiedliche Aspekte ein und derselben Sache bezeichnen. Gesellschaften sind auf Erkenntnis ihrer selbst hin ausgelegt; es bedarf nur der Theorie, dies zu erkennen, und eine solche Theorie ist nichts anderes als die theoretische Selbsttransparenz der Gesellschaft für sich selbst.

Inhalt